いのちのひみつ

医学博士
シルバーナ Q.モンタナーロ

訳・監修　マリア・モンテッソーリ教育研究所

K T C
中央出版

いのちのひみつ

人生の最初からの三年間

Understanding the Human Being
The Importance of the First Three Years of Life

Published 1987 "Un Essere Umano"
Rome,Italy,Cooperativa Editrice IL VENTAGLIO

Published 1991 by Nienhuis Montessoi USA
140 E. Dana Street, Mountain View, California 94041

献辞

私はこの本を、人間の最初の教育者となるご両親へ、そして乳幼児（0歳～6歳）教育者に、さらに乳幼児にかかわるすべての方に捧げます。あなたがたには強い力があります。あなたがたがつくる環境次第で子どもの内に秘めた力を開花させたり、あるいはゆがめたり制限したりするのです。

子どもはみなすばらしい存在です。親として、大人として子どもと一緒に生きることは、貴重な出会いとなっているのです。子どもはそのいのちのはじまりから、いのちに仕える私たちの人生を豊かにしてくれる存在なのです。

1907年1月6日（キリスト生誕の際に東方の三博士がベツレヘムを訪れたのを記念する祭日）、ローマで行われた初めての「子どもの家」の開所式において、マリア　モンテッソーリは、旧約聖書のなかからイザヤ書第60章の一節を引用しました。

「起きよ、光を放て、あなたを照らす光は昇り、主の栄光はあなたの上に輝く」

この聖句は、彼女にとって、これから始まる仕事の大きさを予言するものでした。

シルバーナ　Q.　モンタナーロ

目次

はじめに

なぜ子どもを知ることが大切なのでしょう

マリア　モンテッソーリは、著書『こどもの発見』（1948年）のなかで、「子どもは未知な存在」であるといっていますが、それは正しいと思います。精神分析学、心理学、精神医学や小児科学が長年にわたって研究を重ねてきた現在でも、これらの理論がいまだ、教育に大きく貢献するには至っていません。

人生最初の3年間に人格の重要な部分がすべて形成されるということを、私たちは充分知りながらも、とくに3歳になるまでの子どもについては、いまだに理解していない部分が多いのです。この初めの3年間、子どもは主に両親（あるいは家族の他のメンバー）か、両親が共働きの場合は充分に訓練を受けているとはいえない保育園の職員の手などで育てられています。

いずれにしても、子どもが健康に成長するかどうかは家族にかかっています。ですから両親は、子どもが幸せで、統合された強い人間として育っていく成長の鍵を自分たちが握っているのだということを理解しなければなりません。

すべての子どもに備わっている豊かさを発達させるためには、人間の適切な援助が必要です。そのように発達させるということは、特別な仕事なのです。マリア　モンテッソーリは「この仕事は使命である。それによって子どもは成長し、完全な人格の形成をしようとし、自己実現するように駆りたてられているのです。子どもは真に人間の父である」といっています。

誕生と同時に自分自身を人間として育てていく仕事が始まっているということを理解することが大切です。しかも私たちは、この仕事を成しとげる能力もさずけられているのです。エーリッヒ　フロム（Erich Fromm）は「一人ひとりの人生は、自分自身になり続ける過程にほかならない。死ぬときに初めて、本当の自分になるのだ」と語っています。

自分を育てていく過程が一生涯にわたるということが本当だとしても、教育の重要性は年齢が低いほど大きいということもまた真実なのです。人生の初めの数年間は、人格という大きな建物の土台を作る、文字通り基礎づくりの時期となるのです。

人格を形成するという仕事を的確に手助けするためには、善意と一生懸命さだけでは充分ではありません。正しい情報も必要です。

科学的な知識に裏打ちされた子どもへの愛があるときに初めて、新しい時代にふさわしい人間の成長を手助けできる「新しい教育」を、本当の意味で始めることができます。この世の中には、正しく利用しさえすれば人類の進歩と平和とに貢献できるすばらしい技術力もありますが、私たちは的確な方法で子どもたちを手助けするということを通して、人類の進歩に貢献することができます。

マリア　モンテッソーリは、教育は「生命への援助」であるといいました。しかしこれを達成するためには、教育者たちが自分自身の役割と技能の重要性とやってはならないことをも知らなければなりません。

この本の目的は、人生が始まってから以降、的確な手助けができるように、胎児から3歳になるまでの子どもについての理解を深めることにあります。

本文は、両親と子どもたちについての私自身の長年にわたる観察に基づいて書かれていますが、最近の科学的発見にも言及していきます。

子どもを世話する人が、父親であったり家族以外の人であったりすることもあり得るわけですが、文中では単純に母親としておきます。

子どもをよりよく知ることによって、私たち自身や私たちをとりまく現実というものをよりよく理解できるようになります。私たちは、いのちの営みという人間をとりまく枠組みをいつも心に留めておかなければなりません。すべての人間がその内側に秘めている潜在力を実現できるのは、環境とのかかわりにおいてだけであり、環境からの手助けがあるときだけなのです。

どんな環境のなかにも人間が存在し、その人間が環境を変えて、より良い命の発達を助けることができるのです。

人間が変容するための第一歩は、新しい情報を得ることであると私は確信しています。情報を得ると、それを受け入れ、自分のものとして、理解することになります。新しい認識ができて初めて、自分の内部に変化が起こり、それによって実際の行動という外的な変化が起こります。教育の過程で、知識を得て、理解し、そして変容するということが生命への援助なのです。

マリア　モンテッソーリは、ローマでの講演（1931年）において「教育を受けるその子どもを理解しようと思うなら、まずはいのちというものを全体像のなかでとらえるべきです」と語りました。

教育は人間同士のかかわりあいのなかで行われます。子どもたちとかかわることによって、私たちは自分自身をより高め、現実に対するより広い認識を得ることができます。このようにして、私たちは自分たちの限界を広げ、いのちの営みに参加する技量を伸ばしていくことができます。

最近の数十年間にようやく広く知られるようになったことですが、子どもには驚くほどの身体的、知的能力があり、まさに驚異的な存在なのです。誕生時からの教育によって、現在から将来への社会のあり方を変えることができるのですから、この子どもに対する新しい考え方を、すべての両親、教育者、そして子どもに関心のある人々に伝えなければなりません。また、教育者が決して忘れてはならないもうひとつのことは、人間の能力は私たち大人によって決定されるものではないということです。私たちにできることは、子どもたちの発達を「お手伝い」することだけです。すべての人間が適切に機能できる法則が貫かれている環境においてのみ、私たちは子どもの発達に「仕える」ことができるし、子どもはまわりのすべての世界と全宇宙の進化とに調和を保って発達していくことができるのです。

教育の主要目的は、自分とは何者であるのか、成長して自己実現するには何をしなければならないのか、を見つけていく手助けをすることにあります。その生活や環境をより良くしながら手助けをしていくのです。

以上のことに関連して、いくつかの基本的な点を挙げてみましょう。

1. それぞれの人間は、大変大きな能力を持ってこの世に生まれてくる
2. それぞれの人間は驚くべき自己調整機能を持っているが、大事なところで大人によって妨害され、きちんと機能しないことがたびたびある
3. 子どもに何をすべきかを知って、子どもの発達を手助けすることができるならば、子どもの近くにいる大人はだれでも重要な「教育者」となり得る
4. 0～3歳までの間に、心とからだとが調和ある状態になければならない これ以降の全人生が、この発達の第一段階をどのように過ごしたかの質にかかっているから
5. 生命への援助としての教育は、過去のいのちの歴史の流れと常に調和するものであり、また未来を見据えたものでなければならない

35億年の間続いている進化という壮大ないのちの実験のただなかに、私たちは生きています。このすべての歴史が、それぞれの発達のなかで再現されています。個体発生は系統発生を繰り返します。

この本のなかで、人間の発達におけるいくつかの段階について考え、あらゆる科学の手助けを借りながら、それぞれがいかに重要であるかを理解していきたいと思います。生命力を止めることはできませんが、それが歪められて、心身の病に陥ることがあることを科学は示しています。

このような悲しい結末を避けるために、援助が必要であり、驚くべき能力を持っている子どもについての正しい知識を得なければなりません。

子どもについて知ることが、私たちの関心の中心であるべきであり、また情緒的、知的、道徳的に高い次元へ達するように人間を手助けする新しい形の教育の土台となるべきです。

いのちをいとおしむ大きな愛と子どもに対するよりよい理解があれば、科学的な教育は達成できます。マリア　モンテッソーリが20世紀の初頭に開始した科学的な教育が、人間の自己実現にとって有効であり、適切なものであることが今日の科学によってますます明らかにされつつあります。

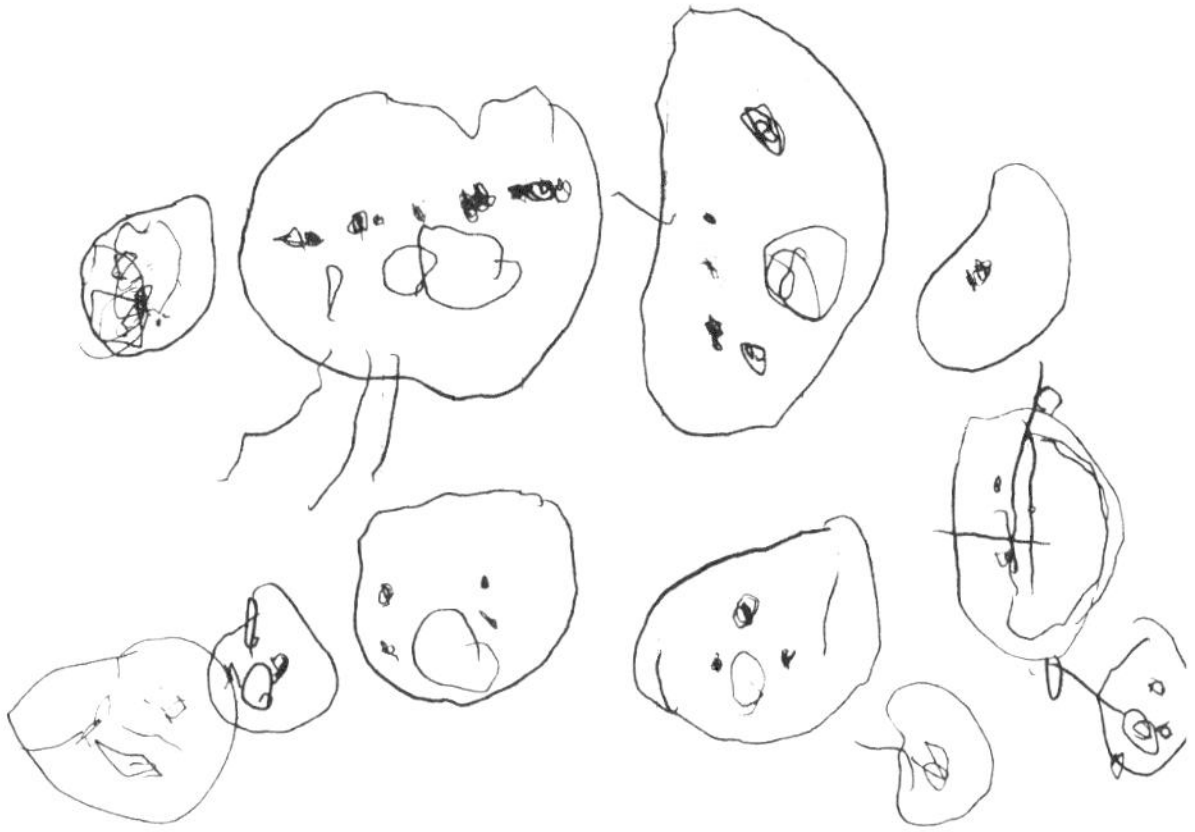

第1部
「生命への援助」としての教育

第1章 誕生までの日々

はじめに

人間をより深く理解するために、科学は人生の早い時期へとさかのぼって研究を進めてきました。進歩した技術のお陰で、母親の胎内で息づいているいのちを見据えることが可能になり、多くの興味深い発見がなされました。今日、私たちは、この人生の始まりの時期は、人格の発達においてもっとも重要な時期と見なしています。その時期に起きたことは、その後までも短期的長期的に影響を及ぼすからです。（Myron Hofer,「The Roots of Human Behavior」 San Francisco：Freman 1981）

受胎から始まる妊娠期間が、私たちの人生の第一章です。この時期は約２８０日間で、胎児は誕生後とは全く異なった環境で過ごします。その環境がいかに特殊なものであるといっても、母胎のなかのいのちと外界とは、かなり密接なつながりを保っているようです。ですから、「生命への援助」としての教育は、すでに胎内にいるときから始まるのです。

受胎の瞬間から、人間は生き生きとして、自分の心身の成長に役立つ刺激を能動的に求めます。

レニ　シュヴァルツ（Leni Schwartz）は自らの著書『胎児の世界』（The World of The Unborn Child）のなかで、いかに誕生前の母胎内での日々が大切であるか、またこの時期に体験したことが、どのように人生全体に影響を与えるかについて述べています。母胎内のいのちは完全に守られていて安全であるとか、問題が起きるのは誕生したあとからだと考えるような間違いを犯さないようにしなければなりません。この時期のいのちは、人生の他の時期と同じように、さまざまな良い要因にも悪い要因にも左右されるのです。

妊娠に気づいたときには、いのちの発生から、すでに幾日も経過しています。いのちを授かったこの「人間」は、3～5日をかけて、卵管のなかを運ばれ、子宮に到達します。子宮内膜に着床が完了するまでには、環境である母胎と密接な交流をするために、すでにかなり複雑な組織を作り上げています。この新しいいのちには、すでに小さな心臓があって、血液を循環させることができます。ですから、母親から生きるために必要な栄養や酸素を分けてもらうことができるのです。少なくとも2週間がこのように過ぎて、妊娠の第一期、すなわち受精卵期が終わります。この後、胎芽期が始まり、この期間中にすべてのからだの部分が作られます。たった8～10週の間に、このような大仕事がなされてしまうのです！

このように大変な勢いで身体が作られているときに、実は同時に心も大きな成長を遂げています。驚くべきことには、記憶という能力があるということです。記憶は、受精の瞬間から存在し、神経組織の成長とともに発達を続けます。

誕生前から、このような精神活動もあると聞くと、意外な感じがするかもしれません。「精神活動」とは何であるかを定義することは難しいでしょう。しかし、一般には、「精神活動」とは、情報を得てそれに応え、経験を積み重ねて、さまざまな体験に的確に対応していくという能力であるといえます。

ここで覚えておきたいことは、生きるものすべてが、このような活動をするということです。違うのは、精神活動の量と質という点だけなのです。

たとえば、単細胞生物も、情報を得て、それを次世代に伝えることができます。植物も周囲に人がいることを察知したり、クラシック音楽を好んだりします（ロック演奏は、どうも苦手のようですが！）。

免疫や細胞の再生というような、生命を維持するために必要な日々の生物学的活動はたくさんあります。このことは、私たちの身体を作る細胞一つ一つでいかに優れた精神活動が行われているかを示しています。科学者にとって、身体と精神とを別個のものとしてとらえることはだんだん難しくなってきています。人間について考えるとき、精神と意識とを区別して考えると良いでしょう。実は、ほんのわずかな精神活動しか意識されていません。あとの活動は、筋肉の動き、呼吸数や心拍数の変化など、すべて身体的な変化を通して表されます。

この区別については、これから神経組織の発達についてみていくなかで、もっとはっきりしてくることでしょう。

神経組織の発達

生命が生きられる環境というものは、ある程度限定されています。周囲の環境と折り合って生きていくために、生命には外界から情報を収集し、反応し、予測を立てる能力が必要となります。この地球上に生命が誕生してから35億年が経ちましたが、その間も生命は、質・量ともに絶えず進化し続けてきました。生物たちはよりよい情報を得たり、もっと上手に適応するために、どんどん複雑になってきました。特定の役割を果たすために、特別な能力を持った新しい細胞が現れ、また、神経や骨、筋肉といったさまざまな組織も徐々に発達してきました。
ごく初期の段階の外界に対する認識と反応は単細胞生物ですでにみとめられます。生命が複雑になるにつれて、神経組織もさらに入り組んだものになりました。この発達の過程には、３つの主な段階があります。（これは、ポール　マックリーンの「三位一体の脳理論」としても知られています）(注1)
生命の歴史において、生命体は単細胞生物から始まって、人間という複雑な存在にまで到達し

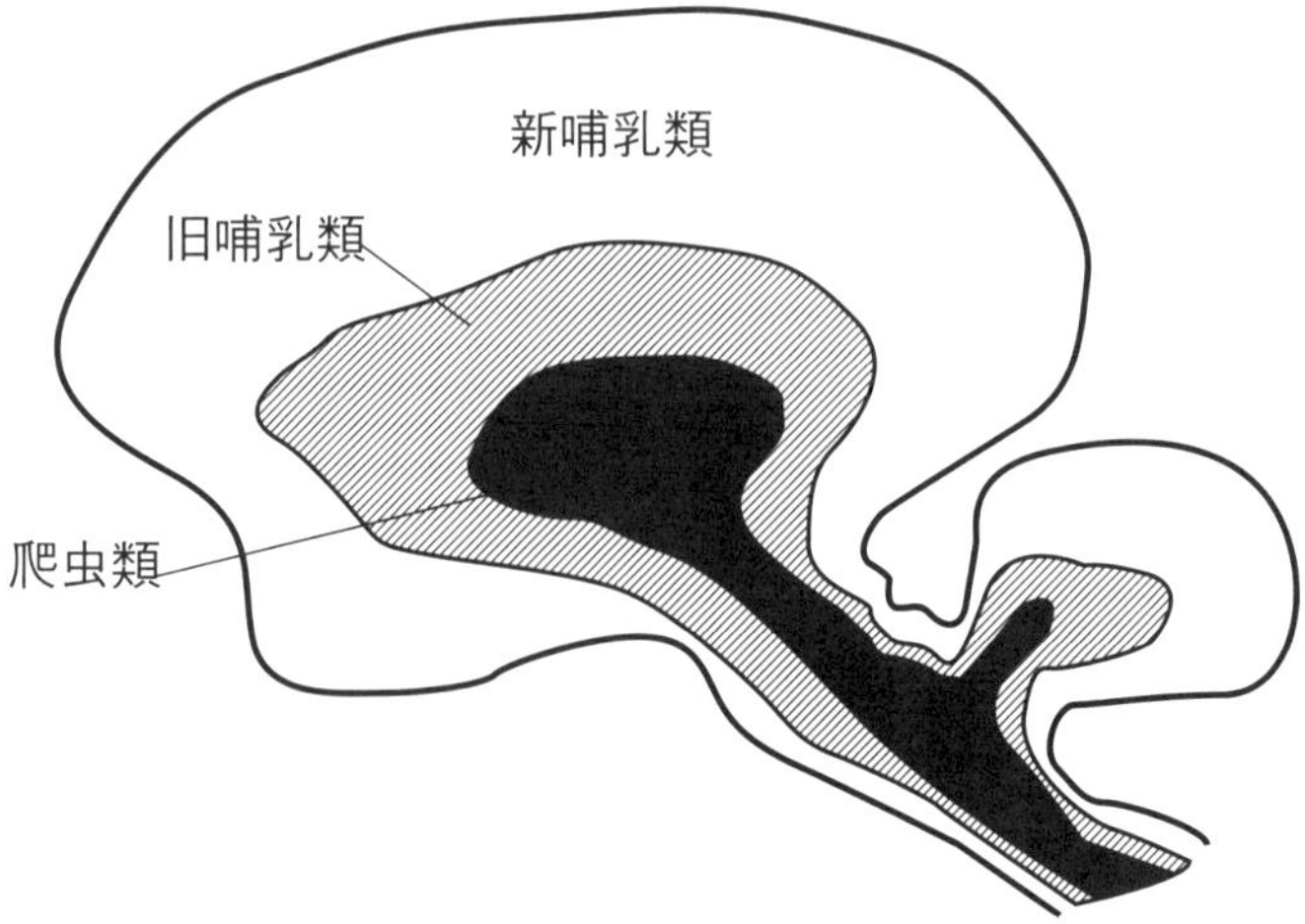

ポール　マックリーンの「三位一体の脳理論」

たことを覚えておかねばなりません。私たちも受精の瞬間にたったひとつの細胞から成長がはじまり個々が生命の進化のすべての過程をたどっていくのです。神経細胞の進化の過程は、間断ない成長と拡大と特殊化の歴史です。この進化の過程のなかに、3つの段階に関連した部分をはっきりと見て取ることができます。それぞれの段階が、私たちの本質が持つ特徴を備えています。

1．爬虫類の時代（2億3千万年前）に関連した領域

脳のいちばん奥にある、もっとも古い部分です。この部分は、自己防衛本能、個体としての意識、なわばり意識、自己と他者とを区別する欲求などを司ります。

2．旧哺乳類の時代（1億3千万年前）に関連した領域

他者への関心、かかわり合い、集団への帰属感、子孫の世話、仲間へのおもいやりを司ります。集団全体を守ろうとする意識の方が、自己保存への欲求より大切になっています。

3. 新哺乳類の時代（4千万年前）に関連した領域

より洗練された感覚器官の識別能力、外界への特別な関心、長い幼児期、合理的思考、さらに創造的な発想に基づいたさまざまな問題解決能力が付け加えられます。

これらすべてが積み重なり、ようやく人類の時代（たった1～2百万年前）がやってきます。大脳皮質が非常に発達したので、それを頭部に納めるためにたくさんのひだができました。とくに前頭葉が著しく発達したので、合理的に思考したり、また時空間を理解する能力を身につけ、それにより将来を予測したり、過去を記憶することができるようになりました。35億年にわたる進化の過程が、私たちの神経組織のなかに集約されています。私たちがいかに大きな可能性を持っているかは、140億にもおよぶ脳細胞が与えられていながら、そのうちのたった2～4パーセントしか使っていないという事実からもわかります。これほどの能力を持っていながら、ほとんどそれを利用していないということについて、あらためてよく考えてみなければなりません。

このようにみてみると、解剖学と生理学とを教育に結びつけて考えることができます。なぜなら、神経組織を活性化させて、人間が進歩するように手助けしようとするならば、環境が大切な要素となるからです。刺激がなければ、脳のさまざまな部分は機能しません。そのうえ、脳の各部分はただ単に刺激に対して反応するのではなく、全体的に調和をもって機能するようにしなけ

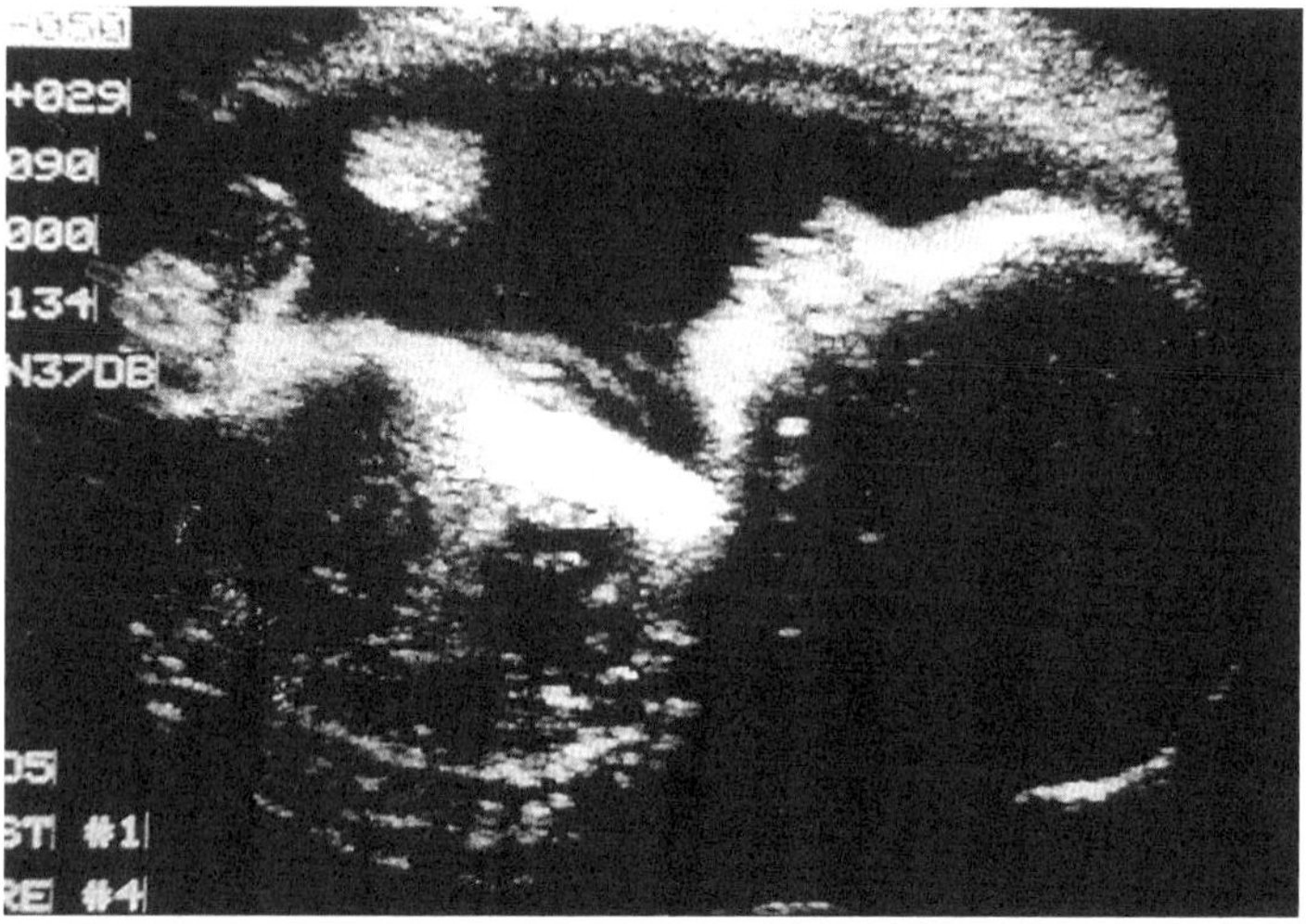

超音波で捉えた妊娠最終週の胎児の画像

ればなりません。これがいわゆる「統合」です。これらをすべて、人生の初めの数年間に完成しなければなりません。ですからこの時期に、教育が何よりもまず優先されるべきことだといえましょう。脳が秘めている潜在能力に対して実際に使われているのはごくわずかであることを、もっと認識しなければなりません。より良い教育的な環境とは、人生のもっとも早い時期において潜在能力のもつ可能性を開花させることにあります。

神経組織は非常に重要なので、妊娠期間中の胎児においてもっとも急速に発達する器官であり、頭部が、他の身体の部分に比べるといつも大きいのです。

月満ちて生まれた赤ちゃんの頭は、身長のおよそ四分の一を占めます。脳細胞の数は、すでに妊娠7ヵ月までに最大限に達しています。胎児期の脳の成長は驚くほどで、毎分2万個の細胞が増えていき、妊娠最後の3ヵ月間には毎分22ミリグラムずつ増大するのです！

ジョン・ホプキンス大学の生物物理学者であるマーカス　ジョンソン（Marcus Johnson）は、「脳は完璧な道具であり、私たちをどこへなりとも導いてくれるだろう。これまで不可能と思われていたよりももっと豊かな生活を与えることができる」と語っています。

より科学的な方法を教育に取り入れることによって、これを理解することが必要です。

胎児の感覚的な豊かさ

子宮は外界から閉ざされ、全く感覚的刺激のない場所であるという見解は、すでに時代遅れなものとなっています。胎児は、常に外界から刺激を受けています。脳は急速に発達し、触覚、嗅覚、味覚、聴覚、視覚の順に感覚器官が発達するように指令を出します。

新生児についての最近の研究は、胎内にいるときから、すべての感覚が機能し始めているらしいことを示しています。胎児は、誕生後の活動に備えるために、大掛かりな準備をしているのです。ですから、誕生するかなり前から、体重が増えたり、体長が伸びたりするばかりでなく、感覚的な機能も急速に成熟していきます。

ここで、感覚がどのように発達していくのかみてみましょう。

1. 皮膚は、いちばん初めに作られるとても重要な感覚器官で、妊娠7〜8週目には完成します。

触覚は、真っ先に自分や外界について教えてくれる、とても大切な情報源といえます。

胎内で、子どもは羊水に囲まれながら常に動いています。さらに臍の緒もあり、子ども自身の手もいつも口のそばに置かれていることを考えると、触覚はたえまなく刺激を受けて環境とつながりをもっていることがわかります。触覚はコミュニケーションのための器官であり、環境との関係がどのようなものであるのかを明確にする働きをします。ですから他の感覚器官ができあがっていなかったり、あるいは機能が失われたとしても、触覚があるお陰で、外界とのつながりを保つことができます。どのようなときでも、何かに触れると心地よい感じがするものです。

触れるということは、同時に触れられることを意味します。いつもそこには、相互の関係があり、交流の可能性があります。さらに触れるということには、情緒的な側面が必ず含まれています。

オランダにある、触覚コミュニケーション研究所（the Institute for Aptonomic Communication：aptonomicとは触覚を研究する学問を示します）の創設者であるフランス ヴェルドマン（Frans Veldman）は、出産を控えた両親に、母親の腹部を両手で触れて、軽く押すようにすることを勧めています。こうすると、4ヵ月以降の胎児はそれに反応して、よく動きます。妊娠中、毎日これを繰り返すことによって、両親は、次第におなかのなかの赤ちゃんの反応に気づくようになり、赤ちゃんもまた、「胎内における情緒的なつながり」（アタッチメント）に目覚めていきます。これは、誕生後、情緒的な関係を持つための土台になります。というのは、子どもが自分は受け入れられ、待たれているという明るい情報を脳に記憶するからです。

2. 嗅覚は、妊娠2ヵ月までに機能を始める準備が整います。ですから母親の食べたもののなかから羊水に溶け出た多くの物質の香りが、子どものなかで嗅覚に記憶されます。そして後に離乳期を迎えたときに、子どもはこれらの食べ物を気持ちよく受け入れたりするのです。

3. 味覚は、妊娠3ヵ月までに活発に機能し始めています。実際、甘みや苦みを帯びた物質が羊水に溶け込むと、子どもは羊水を飲んだり、顔をしかめたり、動いたりして、味の違いを感じていることがわかります。羊水には、母親が食べたものの何かしらの味がついています。たとえば、インド人の赤ちゃんは、カレーの香りを嗅げば、カレーの味だとわかるし、南フランスの子どもたちは、やはりニンニクの匂いがわかります。このように子どもたちは、母親の胎内で出会った味を匂いとともに現実に覚えています。そして将来、その食べ物を喜んで受け入れていくことでしょう。

4. 耳の構造は、妊娠2〜5ヵ月の間にできあがります。ですから、旋律が聞こえると、それに反応して心拍が速まったりします。覚えておきたいことは、子宮のなかにあっても、聴覚は身体の内外からの音によって、大いに刺激を受けているということです。体内音のいくつか（たとえば、母親の心音や呼吸音など）は、一日24時間聞こえています。他の音（たとえば、両親の声や好みの音楽、周囲の乗り物の音など）は、両親の生活のあり方や環境によって異なってきます。日本でなされた研究によると、妊娠期間中大阪空港のそばに住んでいた母親から生まれた新生児は、誕生後、飛行機の轟音を物ともせずにすやすやと眠っていました。一方、他の新生児はそのすさまじい音をいやがりました。

また胎児は、母親の話すときの独特な調子をも吸収します。ですからある意味で、胎児は、すでにことばを学び始めているといえましょう。

さらに妊娠中に、胎内の子どもに歌を歌ってあげることも大切です。いくつか歌を決めて、それを歌うと、子どもはその歌を記憶します。そして生まれた後、その歌を聞くと、とても落ち着いて安心する様子が見られます。

フランスのピシィビエール（Pithiviers）で、音楽家のマリー＝ルイーズ オシェール（Marie Louise Aucher）は、胎内にいる赤ちゃんに母親の歌を聞かせる機会を提供しています。彼女いわく、私たちは音を単に耳から聞いているばかりでなく、身体全体で受け止めているのです。だからこそ、音の波動にはエネルギーがあり、神経生理学的なバランスを保つのに役立つのです。胸部や腕、頭部で主に高い音を感じ取り、足や骨盤で低い音を感じます。「心理音声学的」実験の結果では、このような刺激を胎内で与えられた子どもたちは、一般よりも洗練された足や腕の動きを示します。

胎児に話しかけることはとても大切なことですが、歌いかけることも同様に大事です。このような刺激を受けることは、胎児にとって脳と身体がマッサージを受けているようなものだともいえます。母親にとっても、歌うことはとても良いことです。歌うことによって、出産にとくに関

胎児は様々な音を聞いている

係する横隔膜や胸の筋肉、骨盤が強化されるからです。

5. 目は、妊娠4ヵ月までに機能するようになり、誕生前にすべての光受容体ができあがります。子宮は、私たちが考えているほど暗いところではありません。気候や母親の生活様式によって、かなり差はありますが、胎内にもいくらかの視覚的刺激があります。ですから、赤ちゃんは生まれたばかりでも、懸命に光を追い求めています。

胎児の自分の存在を実感する感覚

以上のように、胎児も感覚的にとても豊かな刺激を受けています。これらの刺激によって、自分自身について知ることができるし、また自分の身体の各部分がどこに位置しているのか、

「身体図式」とでも呼べるものを意識のなかに作り上げることができます。「身体図式」とは、ひとつのまとまった立体的存在として自分の身体を直接的に体験することです。これは単に身体の形ばかりでなく、各部分がどのような関係にあるのか教えてくれます。「身体図式」を作成するうえで役立つのが、触覚と自分の存在を実感する感覚（sense of self-awareness）です。この感覚によって、つねに体重、体温、身体の位置や大きさについて把握することができます。「身体図式」が自分のなかにできあがると、どこまでが自分なのか自分の身体の境界線がはっきりとし始め、自分と外界との区別がつくようになってきます。このように、自分自身を3次元空間のなかで認識することによって初めて自由に動き回ることができるようになるのです。

「身体図式」を作るために必要な要素は、胎内にいくつも見られます。たとえば、羊水の量（個人差がかなりあります）、臍の緒の長さと位置、子ども自身の手足の動き（とくに手の動き）、子宮壁の感触、さらに母親の生活様式などが挙げられます。母親がどのような生活を送っているかによって、子どもが体験することも当然異なってくるわけです。

興味深いことですが、人間は胎児期以降つねに動くことによって、自分自身とは何者であるかを見いだし、さらに他から分離独立した存在になることができます。子どもが自分は周囲の人々とは別個な存在であることを体験すればするほど、後日他の人々と共存しながら、個人として独立を保つ存在に成長することができるのです。

妊娠中の母子関係

母子関係という観点から、妊娠期間について考えてみましょう。母子関係と一口にいっても、生物学的要因や心理的要因によってずいぶん異なったものとなります。

生物学的要因としてすぐに思いつくのは、母親の年齢、健康状態、食べ物や空気の質や量などです。これらすべて、子どもの成育環境に影響を及ぼします。

一方、心理的要因については、理解しがたいので説明を加えましょう。人間にとって特別な意味のあるこの時期を、子どもは母親という自分とは別個な人間の体内で過ごします。子どもの心が健康に成長していくためには、子どもの器である母親が胎内の子どもを受け入れていることが大切です。イギリスの精神分析医ビオン（Bion）は、この母子の関係を「共生」（訳者注：原文で使われているconvivialityには、もともと人と楽しく会食をするという意味があります）と呼んでいます。このような関係は妊娠中の「基本的な母親としての信頼感」といえましょう。この信頼が子どもに伝わり、成長にとって良い条件を作り出し、子どもの発達を活発にしていきます。

このような状況下では、すべての感覚的な体験とその体験の情緒的な側面が抵抗なく脳で処理されて、記憶として蓄積されていきます。これが「学習」といわれるものであり、この過程のなかで子どもは思考し始めます。

しかしながら、母親がその妊娠を「基本的に良いことである」と受け止めることができなかったり、妊娠を情緒的に受け入れられずに無視してしまう場合には、子どもとその「器」である母親との関係は全く別のものになってしまいます。ビオンは、このような関係を「寄生」（訳者注：原文のparasitismには、元来別な食卓で食事をするという意味があります）と呼んでいます。このような関係のなかでは、すべての体験が脳で処理されるというわけにはいかず、その結果、さまざまな刺激や感覚的な情報が心のレベルに転換されません。つまり、外からの情報を自分の心のなかに組み入れることができず、それらの情報を理解することができないのです。この状態は食べ物が消化されないときと同じで、体験が心に吸収されることはなく、単に混乱を引き起こすだけとなります。これは調和ある発達とは正反対の状態で、認知したことに情緒が伴わず、心の全体的な発達が著しく歪められてしまいます。

妊娠中の母子関係において、心身の活動はすべて「世話をする人」を通して行われるのですから、その重要性がおわかりいただけることと思います。周囲の環境が、育まれている生命をいち早く受け入れ、また受け入れ続けることによって初めて、その子どもは心も身体も人間らしく成長し、向上していくのです。

このような状態のとき、母胎という環境は母子双方の成長にとって好ましい場所となります。子どもはそこで、心がどのように機能するかの基本を体験し、それは将来知識を蓄積していくことにつながります。イタリアの精神分析医フランコ　フォルナーリ（Franco Fornari）は、このように述べています。胎児がまだ自分ではうまく処理できない体験を、母親が代わりに自分のものとして受け入れることによって、子どもを手助けし、「救う」ことができると。

身体的にも、母親は同じような役割を引き受けています。たとえば、二酸化炭素やその他の有害な物質を取り除くことによって、子どもの発達に好ましい環境を作っています。胎内にいる間は、母親を通さなければ、子どもは成長に必要なものを何も得ることができません。新しいいのちを育むうえで、母親との関係がもっとも大切な要素の一つとなるのです。

あらゆる感情、学ぶ能力、そしてさまざまな行動の型は、すでに胎児のときから見られます。ですから、胎内の9ヵ月を研究することによって、誕生後の多くのことを理解することができるのです。

精神医学者であるレスター　ゾンターク（Lester Sontag）は、30年以上にわたって、胎児期の体験がどのようにその後の行動に影響を及ぼすのかを研究しました。そのなかでもとくに、母親が否定的な感情を抱いている場合、どのようなことが引き起こされるかについて多くの観察をしています。このような場合の子どもは、後にイライラしやすかったり、多動になったり、食事と消化に問題を抱えやすいことがあります。今日では、母親の感情が、子どもの身体に生化学的な影響を短期もしくは長期的に及ぼし得ることはよく知られています。この分野は、心理学者が注目するところとなり、胎児心理学と呼ばれる新しい領域として研究がすすめられています。

神経組織は胎内でおおいに発達しているので、胎児は活発に動き体験したことを受けとめ、記憶しているのです。この体験が誕生後生きていくのに影響を及ぼすのです。

これから親になる人たちにとって、胎児心理学の知識を持つことは大切です。なぜなら、両親こそがまさに受精のときから子どもを手助けし、発達に合った環境を整えることができるからです。つまり、教育者としての両親の役割は、この時点からもう始まるのだといえるでしょう。両親と子どもとのかかわりあいは、受精の最初の瞬間から非常に重要です。家族として、互いにより充実した人生を送ることができるように、このときから協力することができるわけです。両親は妊娠するごとに、自分たちの生活のあり方を見直し、新しく生まれてくる家族のためにそれを改善することができます。子どもに与えることのできる最高の贈り物は、愛情あふれた関係であり、これは生涯変わることはありません。人から愛されるという体験が、いのちにとってもっとも基本的に、必要なことなのですから。

胎児の意識

人間は少なくとも、「睡眠状態」と「覚醒状態」という二つの意識状態を体験しています。これらのほかに、夢を見ることも体験しています。夢を見ている間、私たちの眼球は非常に速く動きます（急速眼球運動あるいはＲＥＭ睡眠）。私たちは睡眠中の25パーセントは夢を見ているといわれています。ＲＥＭ睡眠は90分ごとに現れて、15～30分ほど続きます。

眠ることと夢を見ることは、生物が生きるために必要なことであって、それらが奪われると、動物は死んでしまいます。非常に多くの精神活動が、実は睡眠中や夢を見ている間になされているのです。このことは、その間の脳の酸素消費量が増大することで証明されています。生きていくためには、前日までに積み重ねられてきた経験の体系のなかに、今日の新しい体験が矛盾なく組み込まれていかなければなりません。ときには、今日新しく得た情報に照らし合わせてみて、それまでの体験を基準にして作ってきた「法則集」を見直す必要も出てくるわけで、いうなれば、朝目覚めたときには、すでに昨夜眠りについたときとは別人になっているのです。

これらの意識状態は、胎児にどのような影響を与えているのでしょうか?

非常に精密な機器を駆使した研究によると、REM睡眠は妊娠7ヵ月の終わり（28週〜30週）から現れます。32週頃の胎児は70パーセントの時間を、そして妊娠末期には50パーセントの時間をREM睡眠のうちに過ごしています。残りの50パーセントの時間は、夢は見ないで眠っている状態、または覚醒した状態で過ごします。

胎児はなぜ、それほど長時間夢を見ているのでしょうか。それはREM睡眠が、すでに完成している神経組織を内側から刺激するためです。REM睡眠中は、目の筋肉や心臓、その他の器官が活発に活動し、血圧が上がり、速い呼吸（羊水を飲み込むことなく）も見られます。この呼吸には、誕生直後に必要となる呼吸のための動きが準備されているのです。このように胎児は、貴重な時間を無駄にすることなく、新たに始まる人生に向けて自分自身を準備しています。

胎児は、いったいどのような夢を見ているのでしょうか。前出の精神分析医フォルナーリは、胎児は具体的なイメージを見ているのではなく、神経エネルギーを使って光を作り出しているのだと述べています。これについてはまだ確証は得られていませんが、いずれにせよ、胎児がこれほど多くの時間を、「内蔵テレビ」を見て過ごしているというのは全くもって驚きです。

誕生への準備

以上見てきたように、誕生というきわめて重大な瞬間を可能な限り最高な状態で迎えるために、どれほど注意深く準備がなされているかについて思いを巡らせるのは大切なことです。胎児は、新しい生活に役立つものをすべて準備している用意周到な旅人のようです。心身両面にわたって、自分の旅行の日程や道筋などを予め見積もる不思議な知恵が、胎児には備わっています。

妊娠7ヵ月が終わる頃までに、胎児は母体外（特別な医療技術の助けなしに）でも充分生きながらえるほどに発達します。この時点から、胎児は誕生という旅立ちのために「荷造り」を始めます。荷造りは以下のようになされていきます。

1. 外界には、さまざまな病原菌やウィールスがいることを「知って」いるので、母胎から抗体を集めます。
2. 何ヵ月にもわたって唯一の食料となる母乳には、赤血球を作るために必要な鉄分が不足していることを知って、鉄分を体内に蓄えます。

3. 胎児は、回転して身体の位置を変え、頭部を下にして産道の方へと向かいます。
4. 皮下脂肪を充分につけ、一定の温度が保たれている子宮から出て、気温が大きく変化する外界でも対応できるようにします。
5. 胎児は、力強く、頻繁に動くようになり、子宮もとても大きくなります。母親は出産のときが近づいて、本当に子どもが生まれることを実感し、子どもを受け入れる覚悟をしていきます。
6. 胎児の睡眠パターンは、母親の感じている太陽の運行のリズムに同調するようになり、昼夜の区別がある外界の時間に適応しやすくなっていきます。

妊娠の最終段階で行われる、こうした胎児の主体的な賢い仕事ぶりには全く舌を巻いてしまいます。胎内から体外への移行を、ひとつの連続した成長の過程として子どもが体験できるように、私たちもできる限り準備しておく必要があります。誕生という大きな変化に備えて準備を始めているのは、胎児自身です。ですから周囲の大人たち（母親、父親、医師、看護婦など）は、誕生してくる赤ちゃんが必要とする手助けができるような体制を整えておかなければなりません。

周囲の大人たち、とくに両親は、胎内での胎児の生活がいかに内容濃く、複雑なものであるかをよく理解しておきましょう。そして、子どもを大切に思う気持ちを持っていれば、誕生というかけがいのない瞬間に向けて準備が整ったことになるでしょう。

第2章 誕生―分離と愛着―

誕生しても変わらない母子関係

前章で、胎児は母親の胎内で、上手に誕生後の変化に対応できるように、最後の最後まで抜かりなく準備して、誕生の瞬間を迎えることをお話しました。生物が進化する上で何らかの変化を見せるときには、それ以降の発達が、さらに良い方向に向かう可能性があることを示しています。事実、いのちは変化がなければ進歩できないものなのです。それでは誕生という変化は、どのような可能性を与えてくれるのでしょうか。それは体験の幅を広げられるように、もっと広い舞台を与えてくれますし、母親との関係はもっと直接的に触れ合えるようになります。

誕生の瞬間にどのようなことが起きるのか、わかりやすくするために誕生の過程を二つの段階に分けてみましょう。

1. 母子のからだのなかで身体的変化が起きる段階

2. 身体的変化が起きて、次の成長へ向かうために心理的適応をする段階

母体では陣痛が始まるまでに、いろいろな身体的な変化が見られますが、これらはほとんど気がつかないうちにどんどん進みます。陣痛が始まると、それと同時に出産が確実に近づいていることを示す合図が繰り返し送られてきて、母親は事態に気づかずにはいられなくなります。つまりこの時点で母親は、自分のからだが出産に向けてなすべきことをするという決定を下したことに気づくのです。

ある母親は、この時点で子どもを自分の体外へ送り出し、分娩の自然な流れに沿っていこうとします。すなわち自分の胎内で時間をかけて育んできたいのちとの別れのときがきたことを受け入れ、子どもの誕生に手を貸し、力を添えてあげようという気持ちになります。このような喜びに満ちた意志があると、筋肉の緊張はほぐれ、子宮筋の収縮が妨げられることもありません。出産の第1段階である子宮口の開口期も順調に進み、短時間で痛みも少なくてすみます。胎児も、血液中の酸素不足によって危機状態に陥る危険を避けることができます。

その一方で、出産に対して心の準備ができていない母親もいます。出産を恐れて、ほとんど意図的に分娩の自然な流れに逆らおうとするのです。このような心の状態は、からだにも大きな影響を及ぼします。とくに子宮下部の筋肉が緊張してしまうので、子宮口が開くのに時間がかかり、痛みも増しますし、胎児はたったひとりで体外に出ようともがかなくてはなりません。母親の協

力が得られないので、医療の介入が必要になることもしばしばあります。

母子関係におけるこのようなつまずきは、誕生という過程を、心身両面において深く傷つくトラウマ（心身の外傷体験）へと変えてしまいます。出産に長時間かかり、そして誕生後にはすぐに母親から引き離されてしまうと、胎内から体外への移行の過程が順調にはいかなくなってしまいます。

胎内から体外へと子どもは、たったひとりぼっちで旅をするのです。もし身体的に苦しい体験をしたとしたら、生まれ出た新しい環境で自分は歓迎されない存在なのだと感じてしまい、この世界で楽しくやっていこうとか、前向きに取り組んでいこうなどと思いはしないでしょう。重要なことは、子どもが誕生の過程でどのような困難に出会うかということではなくて、いかにそれらの困難と向き合うかということなのです。新しいいのちは、母親に支えられ助けられることによって、初めて充分な力を得ることができ、そして存分に自分の働きをすることができます。このような体験に支えられることによって、これ以降の順調な成長も期待できるわけです。

誕生という過程は、母子双方にとって、とてもやりがいのあることです。この過程の最後には、母親はついに自分の子どもと直接会うことができます。子どもを見て、触れて、さらに話しかけることもできます。生まれたばかりの赤ちゃんの方もまた、ずっと前から知っていた人をごく近くに感じることができるのです。居場所は以前と違っても、両者の関係は変わりません。このふたりは今、以前より良い状態でいっしょにいるのであり、これからも、人生の重要な体験を分かち合っていくことでしょう。

新生児のよりどころとなる胎内記憶

子どもにとって重要なことは、母親の胎内での生活と誕生後の生活を別々なものとしてではなく、ひとつのつながりあるものとして体験することです。これがいかに大事であるかは、新生児が誕生後の新しい生活のなかでよりどころとなる「胎内記憶（points of reference）」を、いかにたくさん持っているかを考えてみればよくわかります。

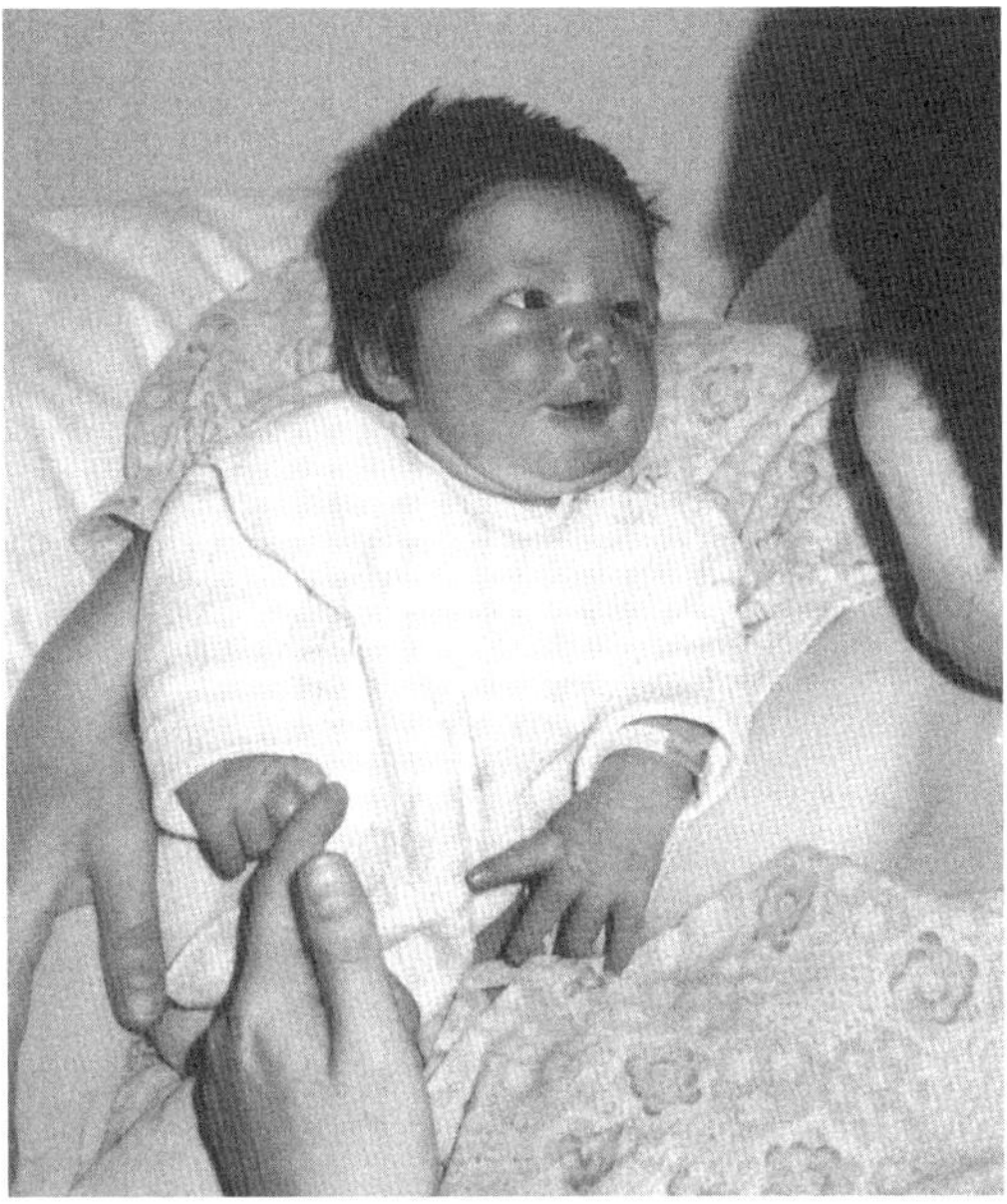
新生児。記憶されている母親の声は、誕生後子どものよりどころとなる。

胎内記憶とは、胎内にいる間のできごとに関連した特別な記憶のことです。このうちのいくつかは、母親に関連すること（心音や声）であり、その他は胎児自身にまつわることです（口や顔に触れる手、手足やからだの動き）。このような記憶は、子どもが新しい環境に抵抗なく移行する際の大きな助けとなります。この記憶のお陰で、見知ら

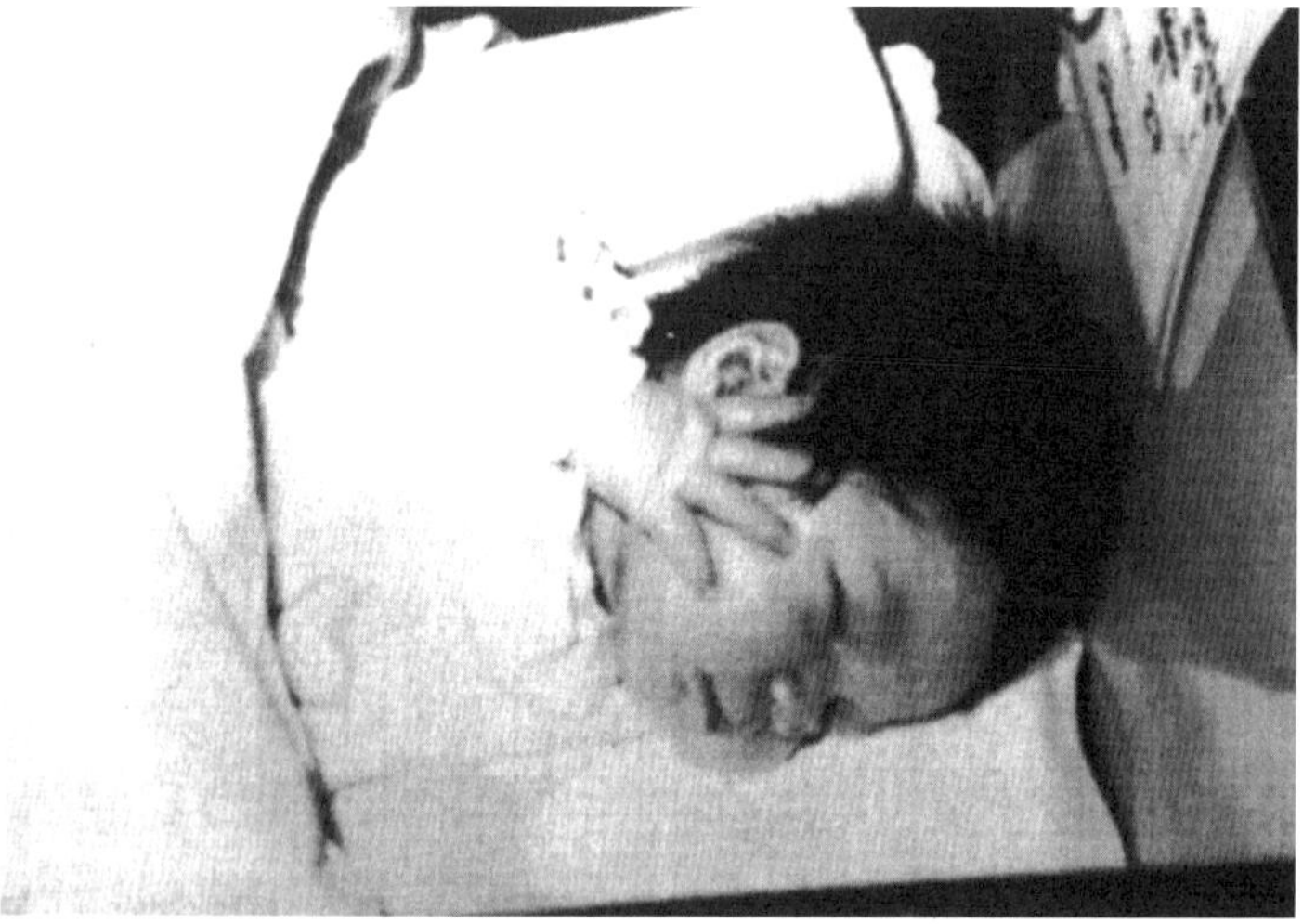

新生児は自分の顔に触れる時、子宮の中での体験を思い出す。

ぬ環境のなかに容易に適応していくことができるのです。胎内記憶が、誕生前の期間（子宮内）と誕生後の生活（母体外）の間をつなぐ橋渡しの役目をするわけです。誕生と同時にあっという間に状況が変わってしまうのですが、胎内記憶によって人生は同じように続くのだという安心感を持つことができるのです。

ですから、誕生直後の新生児にとってとても大切なことは、胎内記憶をできるだけたくさん続けて体験することなのです。分娩室に居合わせる人々、あるいは新生児の世話をする人たちは、新生児からのこの特別な要望をきちんと心得ている必要があります。これらの誕生に関連する重要な点を心得ずにいると、後に心身の病理学的な問題が起きるかもしれません。

マリア　モンテッソーリも、その著書『創造する子供』（The Absorbent Mind）のなかで、この点に関して私たちの注意をうながしています。誕生の際には、新生児を援助するための特別な訓練を受けた人が立ち合うべきであると述べています。このような人を「乳児アシスタント（Assistant to Infancy）」と呼んでいます。今日、産科において対応の仕方が変わってきてはいますが、科学者であるモンテッソーリは何年も前に提唱していたのです。そして、誕生という自然な過程をだいなしにしないために、このようなアシスタントを養成することの「社会的重要性」について書き残しています。

分離と愛着

誕生は、絶対に必要なこととはいえ、それまで慣れ親しんでいた状態との別れにほかなりません。子どもが胎内でできることはすべてし尽くしたというときが訪れます。胎盤はそれ以上大きくなることができないので、母体から供給できる血液の量も、子どもの成長を支え続けるには、とても充分とはいえないものになります。それゆえに子どもは、もっと酸素があって、感覚的な体験を広げていける空間を探さなくてはなりません。誕生によって、この機会が与えられるのです。

子どもは、この新しい環境に自分自身のからだと胎内での記憶のみを携えて生まれてきます。母体の外に出た今となっては、子宮内では重要だったもののすべてが無用の長物になってしまいます。胎盤も臍の緒も羊水も、新しい環境のなかでは意味をなさず、何の役にも立ちません。それらの代わりに、胎内で用意してきたさまざまな器官が機能し始めます。

誕生とは、それまでの環境に属するすべてのものとの分離です。しかしよくみてみると、自然は胎内から体外への移行が無理なく進むように、また誕生の持つ積極的な側面が引き出されるように、誕生そのものの手筈を実にうまく整えています。

鍵は母親です。つまり母親を通して、移行がうまくなされるように仕組まれています。事実、誕生が適切な形で援助されない場合には、誕生は「分離」という意味合いを持つだけになってしまいます。

哺乳類の赤ちゃんは、母体から出てくるとすぐに母親を見つけ、そのそばにいます。新しい環境で、母親の体温と生体音とを真っ先に感じます。母親は、赤ちゃんが生まれるとその皮膚をなめます。赤ちゃんは誕生直後の何時間かを母親にぴったりくっついて過ごします。母親が子どもを置いて餌を探しにいくのは、もっとずっと後のことです。

このような出産後初めての印象を通して、子どもは母親の存在を実感し、胎内から引き続いて、母親がほかならぬこの自分をいちばん大事にしてくれていることを確信します。母親に助けられて、新しい環境がどのようなところか探ってみたり、新しいさまざまな可能性を発見したり、理解したりするのです。

こういう他の哺乳類たちに見られるやり方を、人間の赤ちゃんにどうしてあてはめないのでしょうか。

母体の外での生活が始まるときには、良好な状態で適応できるように、万全の対応をしなければなりません。人間の場合には、そのことが忘れられてしまうことがありますが、それはなぜなのでしょうか？

人間は母体外で生きていくとき、前向きにスタートをする必要性をどうして忘れてしまうのでしょう。他の哺乳類と同じようにしてあげなくても良いものでしょうか。

誕生の際、母子の関係は心身両面から大切に保護されなければなりません。なぜなら、母子双方にとって欠くことのできないものだからです。この関係が保たれることによってのみ、誕生における分離という側面が、新しい形の結び付き（愛着）へと変容するのです。こうすることによって、妊娠期間中の基本的特徴であった共生というあり方が、形を変えて再現されることになります。もし他からの妨害がなければ、この結び付き（愛着）は、自然に容易に達成されます。母親は、とにかく生まれたばかりの子どもを見ていたいし、触れたいし、自分の腕で抱きたいのです。子どももまた、母親に触れられたいし、抱かれたいし、受け入れられたいのです。互いにいっしょにいたいという思いに加えて、子どもに合った食べ物を持っているのは、母親だけなのです。哺乳類の赤ちゃんは、母乳があって初めて生きていくことができます。人生の初めの数カ月、新生児にとって、母乳だけが完全に消化できる食べ物だからです。

いのちに組み込まれた完全さと知恵とによって、誕生という分離の過程は、たちまちのうちに新しい結びつき（愛着）へと変貌します。このきずなは、母子双方にとって有益なことがたくさんあります。

誕生後に始まるもう一つの胎児期

母親と子どもは互いにそばにいて、共に生きていくことが必要です。新生児は9ヵ月もの間母胎にいましたが、まだ自立して生きていく態勢が整っていないからです。大人の食べ物はまだ食べられないし、自分の意のままに動き回ることもできません。これは変則的な状態ですから、大人の側で少し気を使うことが必要です。両親は子どもについての理解を深めることによって、誕生の初めの瞬間から子どもに適切な対応をすることができます。繰り返しになりますが、子どもを大切に思う心と知識の両方とがあって、人間の「正常」な発達が促されるからです。

統合された動きという観点からいえば、人間の赤ちゃんはまだ未熟であって、這い這いを始めてお母さんから離れてどこにでも行けるようになるまで8〜9ヵ月はかかります。食べ物に関しても、8〜9ヵ月頃に、環境のなかにあるものを食べて消化できるようになります。ある意味では、子どもはこの時点で、少なくとも生物学的には母親がいなくても生きていけるようになります。

この重要な節目に達するまでに要する時間は、子どもが母胎で過ごしたのと全く同じ長さの時間です。ですから、誕生後の9ヵ月間を「母胎外での妊娠期間（exterogestation）」と考えることができます。

しかしなぜ、人間の胎児は、外界に完全に対応できるようになる前に子宮から出てきてしまうのでしょうか。たぶん答えは、大脳皮質の法外な大きさにあるのでしょう。9ヵ月になると、胎児の頭の大きさが、母親の胎盤の大きさに匹敵するようになります。この決定的な理由によって、子どもはこの時点で母胎から出てこなければなりません。

このことは、子どもにとって不利なことのようにみえるかもしれませんが、実は、第2の胎児期へ移行する貴重な機会になるわけです。この第2の胎児期では、母親の腕が子宮の代わりとなり、母親の乳房が胎盤であり、臍の緒なのです。この明らかな生物学上の理由に加えて、第2の胎児期には、心理的にも重要な意味があります。生まれたばかりの人間の赤ちゃんは、引き続き母親に支えられてはいますが、もっと広くて、刺激のある、人間が実際に暮らす環境に参加することができるのです。そうすることによって、子どもは、より多くの刺激を受けて、自分の可能性を伸ばしていくことができます。

子どもの大きな脳は、母胎から出ることによって、外界からの刺激をじかに吸収して、文字通りもっと刺激的に自分を教育し続けていくことができるのです。

唯一人間だけが、2本の足で歩き、言葉を明確に発音することができます。これら二つの人間としての特徴的な能力も、子どもが自分自身で実際に体験することによってのみ獲得されます。

もし子どもが、人が歩く様子を目にしたり、話されている言葉を耳にしたりする機会を与えられないとしたら、いわゆる四つ足動物の運動能力の範囲を越えることもないし、咽頭の器官を発声のためのすばらしい仕組みとして使うこともないでしょう。このような子どもは、すばらしいピアノを持ちながら、それをどのように弾きこなすかを習ったことのない人と同じだといえるでしょう。

誕生後の9ヵ月は、母胎外での妊娠期間として、胎内の妊娠期間の延長であり、その仕上げのときなのです。この期間、母親は子どもに新しい世界を紹介し、人間に特徴的な技能を獲得できるようにと援助を続けることができるのです。

いのちが生き続けるためには、成長に必要なすべてを与え、保護することによって「いのちを支える」ことのできる大人が、少なくとも一人は必要です。

マリア　モンテッソーリの教えの通り、誕生からの教育は欠くことのできない「生命への援助」なのです。

新生児が無力であることの意味

からだの他の部分と比べると、脳が恐ろしく速く発達し、とてつもなく大きくなるという生理学的理由から、人間の子どもは、自分の意志で自由に動けるようになる前に、母親の子宮から出なければなりません。この脳の大変な発達ぶりによって、子どもの頭の大きさは、妊娠9ヵ月目には母胎から出なければならないほどになっています。もう少し長く母胎に留まっているとしたら、頭が産道を通過することはできなくなってしまいます。

人間の発達という視点からこの現象について考えてみると、心理的な成長という、もっと別の興味深い説明をすることができます。

子どもはかなり長期間にわたって、少なくとも一人の大人によって食べ物を与えられたり、また雨風から守られたりする必要があります。新生児は自分自身の世話をすることができないので、大人が心を配り、移動さえも手を貸さねばなりません。

子どもは生まれた後、助けを求めるためには泣くしか方法がなく、その泣き声に対して外界から反応があったときにのみ、その要求は満たされます。赤ちゃんが泣くと、両親の心は波立ちます。概して赤ちゃんの泣き声を聞くと、子どもを満足させるためにできる限りのことをしたいと願うものです。母親は、とくにこの呼びかけに対して敏感に反応します。泣き声を聞くと、そのたびに子どものところへ飛んでいき、子どもを抱き上げ、話しかけ、ほかにもたくさんのことをしてあげます。子どもを助けたいという思いがあることによって、誕生直後から人間同志の触れ合いやかかわり合いがたくさん生まれます。母性の敏感期の間は、新生児に対する特別な感受性が存在するのです。

実は母親が子どもにとって必要な身体的な世話をすることは、母子の間に大事な関係を育み、ふたりが互いに知り合っていくうえに重要な役割を果たしています。互いに触れ合ったり、匂いを嗅いだり、声を聞き合ったり、見つめ合ったりという体験すべてが、互いの心に刻み込まれて、ひとりの女性を母親に変え、ひとりの子どもをその母親の息子や娘へと変えていきます。

お互い同志が他の誰よりも大事であるという関係がこのように始まり、この特別な関係によって、子どもは引き続き成長していくことができます。このような子どもは、これからも自分を大事にしてくれて、食べ物やさまざまな刺激を与えてくれる母親がいることを実感していきます。こうして大切なことが満たされると、子どもは満足し、心身の調和のとれた発達をしていきます。新しい環境には、学ぶことがたくさんあります。子どもは、人間といっしょに生活することによってのみ、それらを最大限に自分のものとすることができるのです。

新生児が無力であることによって、人間の可能性が最大限に伸ばされるという、いのちのみごとな知恵が示されています。

多くの研究結果が示しているように、母親が子どもにする世話の質と量とは、子どもの誕生当初にどれだけの時間をいっしょに過ごしたかによって、大きく左右されます。

母子お互いが知り合いたいと思う時期なので、母親は子どもに愛情をもち、子どもの要求に応えるのです。人間が最大限に成長できるようにと、自然が配慮してくれていることを感じないではいられません。しかし、自然が与えてくれるこの特別な援助は、非常に短期間しか続かず、そのあとは薄れてしまいます。新生児の小ささや自分のことは何一つできないという無力さは、私たちに子どもに対していとおしいまなざしを向けさせるのです。食べ物を与えられたり、世話をされたりしている間に、人間としての可能性を伸ばす機会が子どもに与えられているのです。

新生児が基本的に必要とすること

これまで妊娠についていろいろお話してきましたが、新生児が実に巧妙にできている人間であることが、おわかりいただけたと思います。神経組織はよく発達し、きちんと機能しているので、新生児はすでにたくさんの体験をしています。そしてさらに、それらの体験は記憶に留められます。

誕生してくる新生児は、それぞれにまったく異なっています（母親が同じであっても）。それは、遺伝形質や妊娠期間中の母親と胎児との関係に関する要素、たとえば何を食べていたか、妊娠を受け入れていたか、母子をとりまく環境がどのようであったか、また夫がどのように支えたかなどのさまざまなことが関係するからです。しかしどの新生児も、心身ともに健康に育つために、必ず満たされなければならない同じ基本的欲求を持っています。

アシュリィ　モンタギュウ（Ashley Montagu）は、その著書のなかで、子どもが生まれながらにして持っていて、誕生後すぐに現れる欲求あるいは衝動を挙げています。それらは、「大切にされたいという欲求、友情、感受性、しっかりと考えたり、物事を学んだり、まとめたりしたいという欲求、好奇心、不思議に思う気持ち、遊び心、想像力と創造力、おおらかさ、柔軟性、試してみたいという気持ち、探究心、立ち直る力、ユーモアの感覚、快活さ、笑いと涙、楽観性、正直と信頼、他の人を考慮に入れられる深い知性、「踊りや歌」などです。（注2）これらすべてが、子どもが健康な人間として成長するために必要なことであると、著者は強調しています。

新生児には完璧に作動するすばらしい自己調整機能があり、人間としての潜在力をすべて調和させて発達させたいという強い欲求もあることを、私たちは忘れてはなりません。

今までになされたさまざまな研究結果と小さい子どもたちとかかわってきた私たち自身の体験に基づいて考えてみると、新生児の環境を整える上で、私たちがとくに配慮すべき子どもの欲求が何であるかがはっきりしてきます。

新生児が誕生後すぐに示す基本的な欲求は、少なくとも5つあります。

1. 母親に直接触れること

その主な理由は、

a. 「胎内記憶」にあることを再発見する。

b. 「息子」あるいは「娘」として認められ、受け入れられていて、母親との間に、お互いが他の誰よりも大事であるというきずなを確立する。

c. この期間中、母親が作り出す母乳を受け取る。

d. 将来人々との間で交わすコミュニケーションの原型を母親との間で築きあげる—新生児はす

でに、この目的のためにたくさんの良い手段を胎内で準備していました。からだを動かすこと、微笑み、見ること、さらに泣くことなどです。

2. 生理的リズムを尊重すること

子どもが本当におなかの空いているときに乳が与えられ、本当に必要なときに眠ることができるようにしなければなりません。多くの産院で、予め時間割を決めていますが、これは新生児がそれぞれ持つ生理的な時間割に合うものではありません。子どもたちが皆一斉に起こされて、一斉に母親のもとに連れてこられますが、その母子とは無関係な人たちが作った時間割に従ってのことなのです。

このような対応は、子どもが持つ自分の睡眠リズムを司る能力を、著しく脅かすことになり、子どもが自分の内的必要に応じて眠ることが、だんだん難しくなっていきます。このような対応を人生の初めに体験すると、太陽のリズムに適応して生活することがのちのち困難になっていきます。自然な睡眠が妨害されると、子どもは家庭で拒否的になったり、両親との関係が難しくなったりしがちです。

3. 何かがなされるときの秩序

子どもにとって、新しい生活のなかでどのように行動したらよいかを知るための枠組みを作ることが必要です。この枠組みがあるお陰で、子どもは母胎から外の環境へと、大きな衝撃を受けることなく移行していくことができます。たとえば、どこで子どもが食事をするのか、どこでお

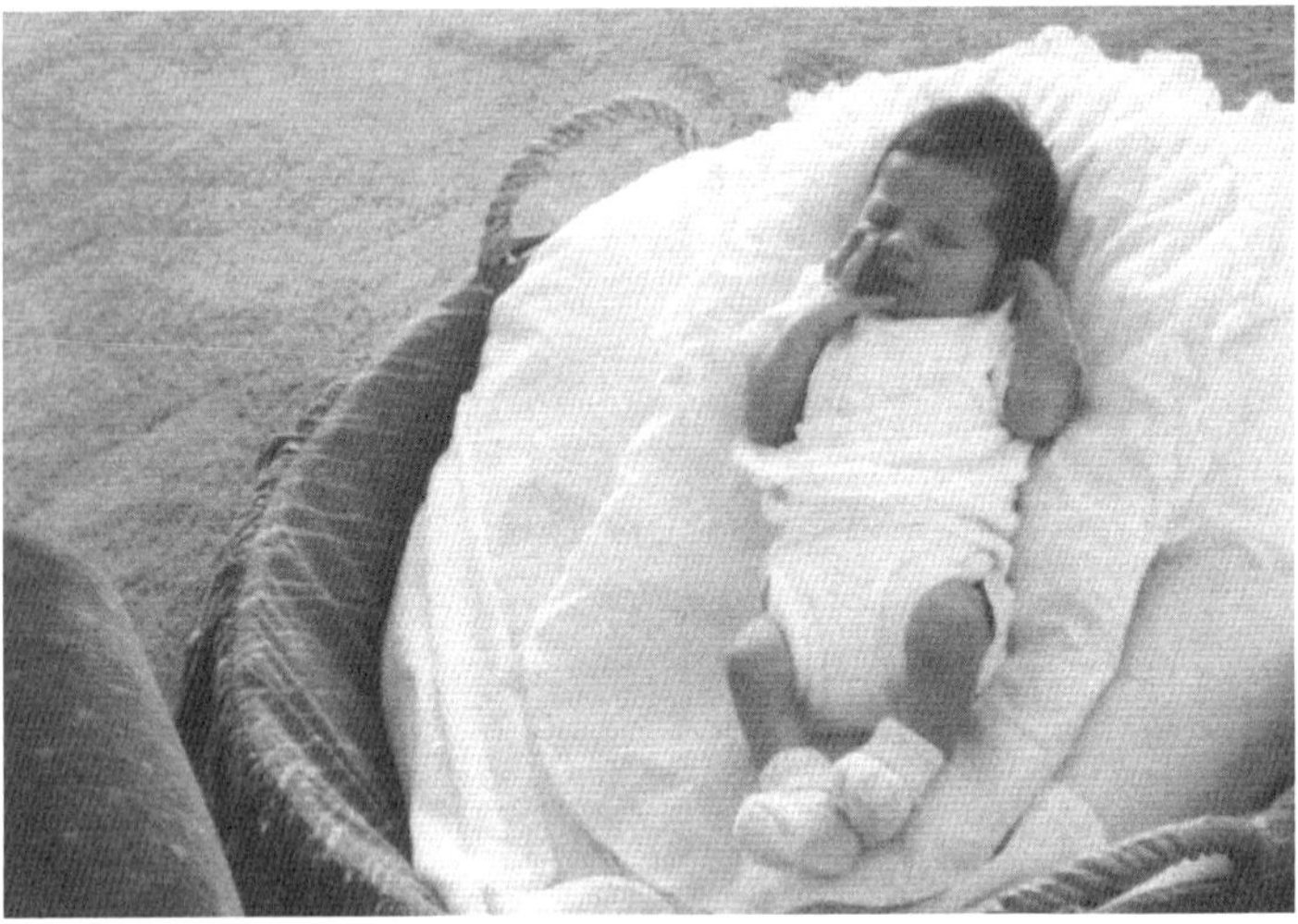
新生児には、視界が遮られず、充分に動くことができる空間が必要。

むつを交換したり、体重を測るのかなどを決めることが大切です。一日に何回も繰り返される活動のなかで、世話をする特定の人との関係が育まれ、環境に親しんでいくことになります。

4. 視界がさえぎられず、充分に動くことのできる空間

一般的に新生児のために用意されるベッドは、小さくて、視界をさえぎるような柵などで囲われており、子どもの発達にとってあまり適切なものであるとはいえません。新生児は非常に注意深く、集中する能力を持っていますから、ベッドの柵などに邪魔されず、室内のさまざまなものを注視できることが必要なのです。

母胎では、胎児は思いのままにからだや手足を使って、いつも動いていました。新生児にも動く能力がありますが、動き方はとてもゆっくりです。たいていの場合、子ども用のベッドは

小さすぎる上に、衣服に関してでも動きを制限してしまうような不適切なものを着せてしまいがちです。子どもは、かつてと同じように動こうとしますが、それは無理であることに気づいて、運動の能力は消え失せていきます。新生児というものは動けないと私たち大人は勝手に判断し、そう思いこんでいるのです。私たちが子どものために用意するベッドや衣服は、確かに子どもの運動能力の発達を妨害しています。未熟児ですら、いつの間にか寝ている場所の端の方まで、頭を移動させているという事実を伝えても、子どもがいかに動く能力に富んでいるかについて、大人を説得することは難しいようです。

5. すべての感覚を使って、新しい環境を探検したいという欲求

新生児は活動的であり、周囲の動きに対しても敏感で、私たちが思っているほど眠る必要はありません。このことは、母胎の胎児がどれほど敏感に外界を感知していたか、またどのように睡眠のリズムを変化させたかなどを思い起こせば、理解できないことではありません。

残念なことに、ほとんどの新生児にとって、誕生が感覚的刺激をはぎとられる状況の始まりとなっています。子どもは退屈で、満足できず、大人の注意を引くために泣き続けることとなっているのは誠に残念なことです。

このような状況で大人がどうするかといえば、たいていの場合、子どもの口に何かを押し込みます。私たち大人は、小さい人たちというものは、口からの満足のみを求めていると思いこんでいるらしいのです！　でも、決してそうではありません。幼い子どもたちは大きな脳を持ってい

て、人間の声や音楽を聞くことも大好きです。花や木、動いているものやその他環境のなかにあるさまざまなものを見ることも、子どもにとって大きな喜びなのです。目の前に広がるのは、何もない真っ白な天井だけで、光も充分ではなく、ベッドの柵で視界も妨げられているとしたら、子どもの興味や新しいことを知りたいという願望を満たすものは何もないことになります。

その気になりさえすれば簡単に、新生児にとって豊かな刺激を用意することができます。何も高価なものを使う必要はありません。ただ新生児とはどのような存在であるかを理解し、その理解に基づいた愛情をもって、子どもたちにさまざまな貴重な体験を提供する「準備された大人」が必要なのです。

もう一度繰り返しますが、これが「生命への援助」としての教育の意味なのです。

第3章

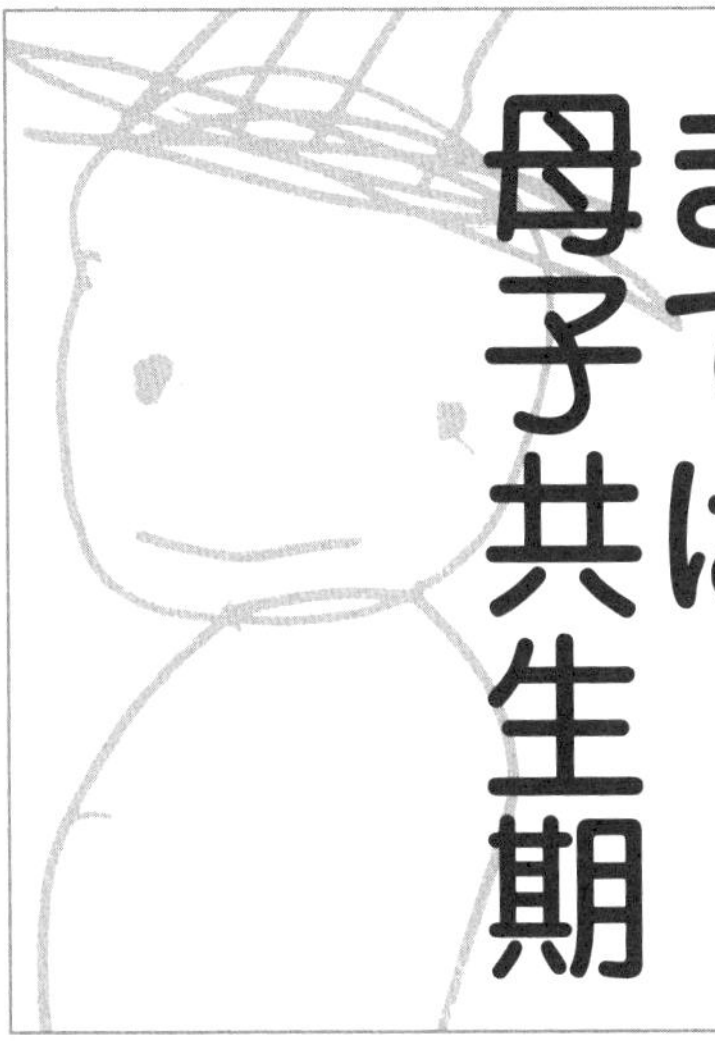

生後6～8週までは母子共生期

母子共生期の重要な意義

誕生後の初めの数週間は、子どもの発達にとって特別な意味がある時期で、「母子共生期」と呼んでいます。原語のsymbiosisには、「共に生きる」という意味があります。この言葉は、生きるために欠くことのできないものをお互いに与え合うために、お互いを必要とするという、二つの生物の状態を表しています。

母親と新生児の場合、母子共生期は6～8週間まで続きます。その間に、ふたりがどのようなことを与え合うのかを調べてみることは、とても興味深いことです。母親は子どもに合った食べ物を与えると同時に、母親の存在自体が、特別な愛着のきずなを作っていく上でのよりどころ（point of reference）になります。一方新生児の存在は、生まれた子どもは、決して失ったわけではないことを母親に納得させ、互いが誰よりも大事な存在であることを感じさせます。また新生児は乳房を吸うことによって、母親の子宮が収縮して、もとの大きさと位置に戻る手助けをします。このお陰で、母親は出血や感染症に陥る危険から身を守ることができるのです。このように母子双方がお互いに助け合って、誕生という危険を乗り越え、さらにその危機を互いの関係を維持していくために重要な機会へと変えていきます。

母子共生期にいる母と子にとって、大変意味のある3つの触れ合い方(団欒の仕方)があります。

1. 抱く

母親が子どもを自分の腕のなかに抱えるという簡単な動作も、そのやり方は実に多様です。母親の子どもに対する気持ちがその抱き方に現れます。抱かれるときは、母親とからだが触れ合い、母親が自分を受け入れていることや、自分に対する思いを感じとります。また抱かれることによって、とても安心するので、新しい環境へ適応しやすくもなります。

2. 触れる

衣服の着脱やおむつ交換、入浴やその他子どもにとって必要な世話をするとき、私たちは子どもに手で触れます。これらの動作をするときには、母親が優しい気持ちで対応することがもっとも大事なことです。母親が優しく子どもに触れるなら、子どもは安心して心を開き、自分や周囲に対して積極的な関心を示すようになります。

3. 授乳

ここでは、赤ちゃんに母乳を与える場合に焦点を絞って考えてみましょう。授乳中は、妊娠期間中のように、ふたりがまるで一人の人になったかのような特別なつながりが母子の間に見られます。

このようなつながりは、子どもが乳首を口に含んで、母親の乳房に触れることによって、母親とじかに一体になれるときにのみ体験されます。このようにして、子どもは身体的及び精神的一体感を体験していきます。子どもは一日に何回も、授乳のたびにこの母親と一体になる安堵感に包まれるのです。

もし生後6～8週の終わりまでにこのような体験ができたなら、子どもは明らかに新生児の頃とは異なった存在になっています。すでに子どもは、健康な人間であるために必要な心身の統合がなされた存在になっているわけです。心理的な意味でひとりの人間として誕生するためには、自分以外の人間との触れ合いが不可欠なので、肉体の誕生と同時に達成されるというわけにはいかないのです。

母子共生期が終わる頃には、子どもは新しい環境が基本的にどのようなものであるか、おおよそ理解しています。この期間に把握したことは、それ以降の子どもの世界観につねに影響を与えていくことになります。子どもの世界観が肯定的であれば、子どもは世界に対して「基本的な信頼感」を抱き、その要求が満たされるところであると感じるようになっていきます。

子どもは自分を大事に思ってくれる両親と何回もじかに触れていくことによって、触れ合いたいとか、新しい刺激がほしいとか、空腹であるなどといった自分が必要とすることに対して、外界は即座に応答してくれるということを理解します。自分が求めれば、つねに反応があり、母親に代表されるこの世界は、信頼しても良いのだと感じるのです。

このような基本的信頼があると、人間は楽観的な性格に育っていきます。その人の目には、世界は美しいところとして映り、状況がどれほど困難であったとしても、必ず救いが見出せると信じます。

生後6～8週間にどのような体験をしたかは、その人の生涯にわたって影響を及ぼします。私たちは、母子双方にとって重大な意味を持つこの期間に、可能な限り注意を払い、身を捧げる責任があります。両親は子どもの誕生に先立ち、自分自身を準備するべきですし、とくに子どもが誕生するときや母子共生期の援助をするための人材の養成が、いかに重要であるか重ねて強調しなければなりません。マリア　モンテッソーリは、心身の健康向上のための手段として「乳児アシスタント」を養成する構想を持ったのですが、誕生からの援助がいかに重要であるかを非常によく理解していたわけです。

私たちの心のこもった仕事は、いのちが始まったところから始められなければなりません。

母乳の役割について詳しくみていく前に、まず確認しておきたいことは、ある種の動物、たとえば哺乳類などは、子どもが誕生したときに必要とする特別な食べ物を作り出すための専用の器官を発達させているということです。

私たちは、人間の発達をいのち全体の進化という枠組みのなかでとらえているので、進化の体系において起きることはすべて、必然性があってそうなっているということを覚えておく必要があります。その必然性とは、単にそのときに必要であったというばかりでなく、進化が進む上でも必然性があったのです。進化のなかで見られるすべての新しい変化は、生命の営みをより広く、より複雑に、そしてより意味深いものにするべく起きます。生命は原始的な段階から始まって、現在のような複雑な段階にまで進化し、さらに将来は想像もつかない段階にまで進歩し続けることでしょう。

つまり進化の過程において何か変化が見られるときは、そこに変化の必要性があり、変化によって進歩があるのです。

哺乳類に話を戻しましょう。哺乳類の赤ちゃんは、誕生直後から特別な食べ物が必要ですが、それは、母親だけが作り出せるものです。この時期の赤ちゃんは、まだ大人の食べ物を消化することができないので特別な食べ物が必要なのですが、その食べ物は動物の種類によって異なります。授乳の期間は、胎児のときから外界にある食べ物を子どもが摂取できるようになるまでの移行期ととらえることができます。

乳児の消化器官が、誕生後しばらくの間、成長後とは違った機能の仕方をするのには理由があります。

新生児が、外界にある食物をすぐに摂取することができないのは、劣っているという意味ではありません。むしろ、この時期に情緒の発達にとって不可欠なものを得るために、特別な食べ物を必要としているからです。この特別な食べ物、すなわち母乳は動物の種類によって異なりますが、これは、その種類の生後間もない赤ちゃんの栄養上の必要性にぴったりと合ったものなのです。

それではここで、人間の母乳が、生理学的にいかに子どもにとって有益であるかをみてみましょう。母乳と牛乳との比較もしてみたいと思います。残念なことですが、牛乳が新生児の食べ物として母乳と競合するほどになっているからです。

母乳が作り出される仕組みは、まさに驚異です。母乳の生産準備は妊娠の成立とともに始まり、胎芽期が終わる頃（妊娠3ヵ月）には、生産「工場」は準備を完了します！　しかし、子宮内で胎盤が発達している間は、胎盤から母乳の生産を止めるホルモンがその「工場」へ送られるのです。胎盤が排出されて（それは赤ちゃんがすでに誕生していることを意味します）、赤ちゃんが乳首を吸うという刺激を受けて、初めて乳房は母乳の生産を始めます。妊娠中に、たまたま乳が数滴出ることもありますが、本格的に母乳を生産するためには、母と子の共同作業が必要なのです。

人間の乳は、子どもが誕生した直後から、ずっと同じ成分でできているわけではありません。

自然は、生まれて4、5日の新生児はそれ以降の乳児とは違うことを感知して、とくにその期間には初乳と呼ばれる特別の乳を提供します。初乳は、生まれたばかりのいのちのためだけに用意された、特別な食べ物です。

このことは、初乳に含まれる主成分の役割を調べてみれば明らかです。

成分	初乳（g/l）	母乳（g/l）
タンパク質	90	13
脂質	0	40
炭水化物	5～10	68

初乳には、消化器官の負担を軽くするために、脂肪は含まれていません。しかしながら、日を追うごとに、数グラムずつ脂肪が現れてきます。このように、少しずつ脂肪と出合うことによって、小腸が消化吸収する際に必要とする胆汁や膵液が、無理なく自然に作られていきます。

初乳には、普通の7倍というかなりの量のタンパク質が含まれています。タンパク質には抗体が付着していて、外界の雑菌から子どもをすばやく守るのに役立ちます。もちろん新生児は、妊娠最後の2ヵ月に、母親からたくさんの抗体を集めてはいますが、誕生後も、毎日母乳を飲まなければ、長期にわたって身を守ることはできません。

当然ながら、新生児に対する誕生後数日間の対応は非常に大事です。子どもにとって環境はまったくなじみのないものであり、初めて出合う細菌がいっぱいだからです。新生児は、感染の危険から充分に守られなければなりません。新生児を感染から守るもっとも自然な方法は、子どもを母親から引き離さずに、子どもが本来受け取るべきもの、すなわち初乳を与えることです。進化は、必ず生命を守る方向に進みます。母親の体内では、流行の病気に対する抗体が作られていますから、母親から出される初乳にも当然抗体が入っていて、子どもを守ることになるわけです。数日間のうちに、初乳のなかの脂肪成分が増える一方、タンパク質は授乳中の子どもにとって適量となるまで減少します。

初乳の働きのなかでもう一つ重要なことは、消化器官を刺激して、胎便を出すことです。胎便とは、新生児の独特な便で、消化液や小腸の内壁の細胞の混合物です。

以上の事柄は、初乳がいかに重要であるか、さらにこの初乳を飲めるように、誕生後なるべく早く子どもを母親の胸元においてあげることの大切さを示しています。仮に帝王切開を受けて、薬物の影響で子どもがもうろうとしていたとしても、たいていの場合、数時間後には、母親の胸元で乳を吸うことができます。残念なことに、このような赤ちゃんは一般的には、新生児室に引き取られ、哺乳瓶から砂糖水が与えられることが多いのです。

初乳は、ほかにも子どもにとっての多くの利点があります。母乳の代用として使われるミルクについて考えるとき、動物性タンパク質が誕生後の数日間に与えられることの恐ろしさについて言及せざるを得ません。この時期には、小腸の内膜はたいへん吸収力に富んでいるので、動物性タンパク質が浸透し、アレルギーを引き起こしてしまいます。ニューヨークのマンハセット大学病院（Manhasset University Hospital）のJ．ケリー　スミス博士（Dr. J. Kelly Smith）は、数日間初乳を与えることによって、子どもの人生全体を通して起こり得る種々のアレルギー反応を防ぐことができると主張しています。ですから私たちは、お母さん方に、わずか数日間初乳を与えるかどうかが子どもの健康状態を大きく左右することについて、充分説明しなければなりません。

もう一つ覚えておきたいことは、タウリンというタンパク質が、人間の乳に特有のものであるということです。タウリンは、神経組織の発達にとくに重要なものです。

以上の事柄は、人生の始まりにおいて、いかに母乳が大切であるかを示しています。自然の計画を尊重するなかに、健康の秘訣があることに気づきます。

ここで、新生児には歯がないということについて考えてみましょう。実は、歯はすでに歯茎のなかに用意されているのですが、授乳の邪魔にならないように、生後5ヵ月以前にははえてこないのです。それに加えて、顔の骨も、妊娠中にはあまり発達していません。乳を吸うことによってかなりの筋肉運動をすることになり、その刺激によって骨が発達して広がり、然るべきときに充分歯を納めるだけの空間ができあがります。哺乳瓶からであれば、子どもは眠っていても楽にミルクを吸うことはできますが、母乳を吸うためには、積極的に自分から努力する必要があります。

この努力に対して、子どもは食べ物というご褒美を与えられるとともに、長期にわたる効果をも得ることができるのです。すなわち、将来はえてくる永久歯を納めるのに充分な空間が、適切なときにできるのです。気づいている人は少ないようですが、自然はとても慎重に人間の発達の道筋を準備しています。

一体ほかにどのような食べ物が、これほど人間を守り、発達を支えてくれるというのでしょう？

ＷＨＯ（世界保健機構）は、１９８１年5月の大会において、以下に掲げる要旨を人工栄養のすべての広告に掲載しなければならないことを採択しました。

「世界保健機構は、妊娠中の女性と新生児の母親に、母乳が非常に優れており、乳児にとってもっともふさわしい食べ物であることを理解するよう勧めています」

「母親は、母乳を与えるための準備に必要なこと、どのようにしたら母乳を続けられるか、また良質の食事をとることの重要性について、適切な助言を受けることが必要です。さらに母乳の開始が遅れたり、中断したあとで再開しようとする場合、母乳による授乳は困難であることも予め承知しておくことが必要です。人工栄養を利用する際には、人工栄養を使用することにまつわる社会的、経済的問題点について理解すること、また子どもの健康を維持するためには、人工栄養を正しく使用することがいかに重要であるかについても、よく理解することが大切です」

「代用食品を必要以上に与えたり、哺乳瓶で部分的に授乳することは、母乳による授乳に対して悪影響を及ぼす可能性があるので避けなければなりません」

子どものからだの健康を守るために、もうこれ以上言うべきことはなさそうです。

母乳の分泌の驚くべき仕組みと、子どもの必要にぴったりと応じて母乳が作られることについてみてきました。実際のところ、母乳の分泌がいつ開始されるかや、どれだけ分泌が続くかの鍵は、子どもが握っています。子どもは乳首を吸う動作を通して、「おなかがすいたの。おっぱいがほしいの」と母親のからだに伝えます。これが生理的刺激となって、母乳の「生産工場」を司るホルモン、プロラクチンを生産するようにと脳下垂体へ指令が出されます。子どもの必要に合わせるために、母乳は乳房が空になった分だけ生産されます。乳房が空になればなるほど、たくさん作られるわけです。

乳房は、妊娠初期からすでに母乳を生産する準備ができています。しかし、実際に母乳が分泌され始めるためには、子どもが乳首を吸うという生理的刺激が必要なわけですが、誕生後すぐにこのような刺激が与えられることはまれなのです。新生児が母親のもとに連れてこられ、乳首が吸えるように乳房のそばに置かれるという機会もないのです。母親のからだは、この合図を受け取るように仕組まれていますが、この点が、いまだに多くの産院で見落とされているところなのです。

病院関係者は、母も子も休養をとる必要があるといって、母子を分離させようとします。しかし、母子が本当に必要としているのは、ふたりでいっしょにいることなのです。このふたりが求めていることは、すでにお話したように、新しい環境のなかでも胎児期を続けていくことであり、楽しくすごすためにお互いに合図を出し合うことが大切です。この母子の必要としていることを満たすように自然が仕組んでいる触れ合いを簡単に達成できるのは胸に抱かせることとです。

他の哺乳類と違って、生まれたばかりの人間の赤ちゃんは、乳房に向かって自分で移動するということはできません。統合された動きが、まだ充分には発達していないからです。ですから、誰かが子どもを母親のそばに置いてあげなければなりません。でも、決して子どもの口に乳首を押し込むことをしてはいけません。ただ子どもが自由に、母親の匂いをかいだり、頬が触れたりするのに任せればよいのです。

新生児は、飲みたいときにおっぱいが飲めるように、いつも乳房のそばに置かれるべきでしょう。これが食べ物との基本的な関係です。食べ物は、愛情をこめて目の前に差し出されるべきものであって、決してその人の口に押し込められるものではありません。

何歳になっても、「強制された食事」は不愉快なもので、暴力として体験されます。私たちのからだの開口部は、自分と外界との境界であり、その境界は自分で管理していると感じることが大事です。さもなければ、安心感は失われてしまいます。

新生児は、自分のペースで、自分が置かれた新しい状況を理解したり、母親から発せられるさまざまな感覚刺激を理解して、新しい状況のなかで母親を認知し、的確に反応していくようになります。母親にしてみれば、妊娠中には想像することしかできなかった自分の子どもを目の前にしたのですから、実際の感触を味わう時間が必要です。

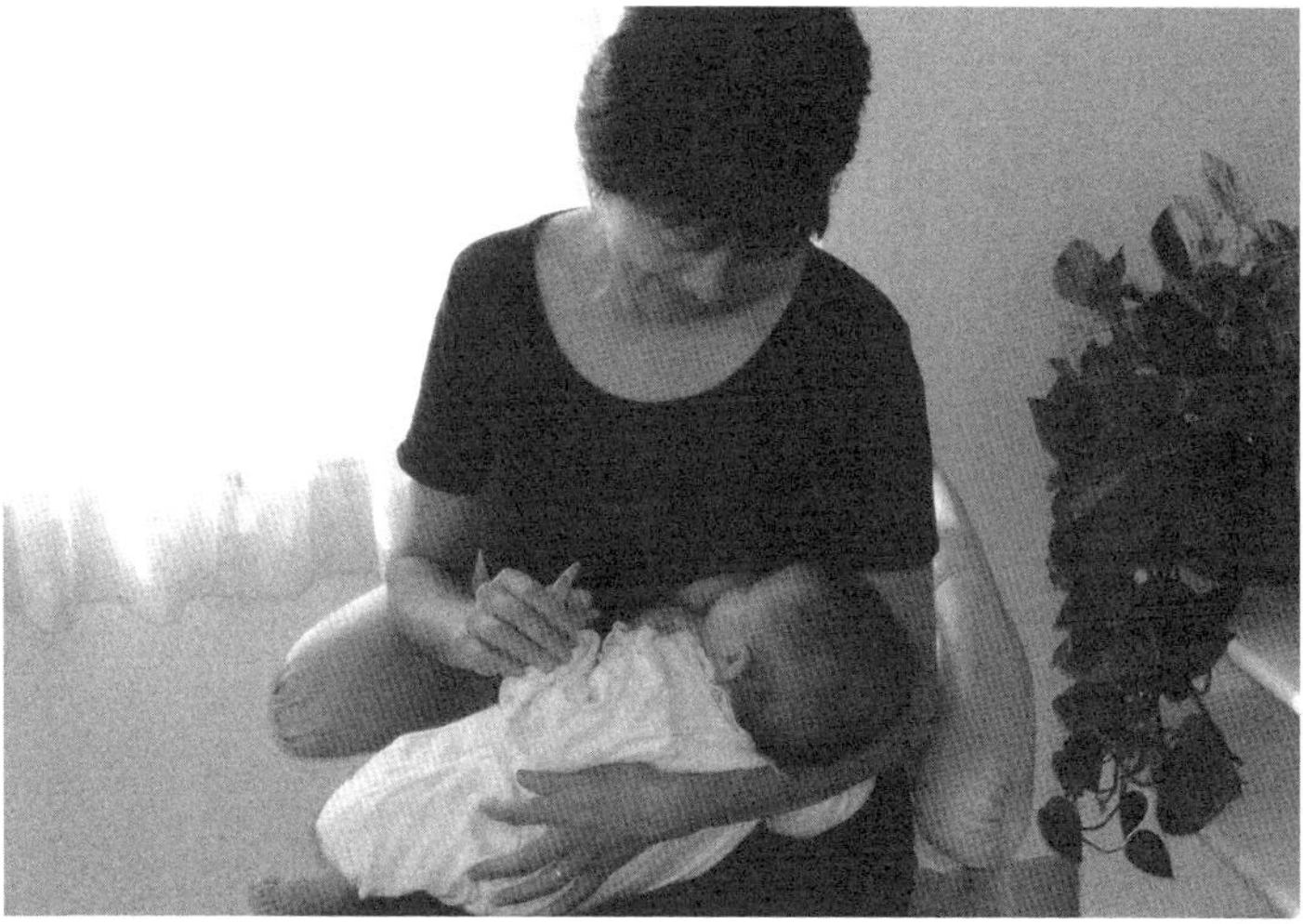

母乳を与えることは、社会生活の基礎となる人間関係の始まり。

このように、お互いを感覚的に体験することによって、母子はとても大事な知識を得ることになります。心身の体験を通して深く理解していくのです。この深い理解が基本となって、継続した関係を築いていくことになります。これはすべてを包みこむような深い知識で、心身に影響し、ふたりの人間を独特なきずなで結びつけていきます。

このように授乳を通して、社会生活の基盤となる人間関係が始まります。このような出会いが母子の間で成立するためには、時間というものがそれぞれに必要なので、私たちは、この初めの人間同士の出会いを大切に保護しなければなりません。新生児は母乳を必要とするがゆえに、母親に触れて、自分以外のもうひとりの人間といっしょにいるという貴重な体験をするのだということを忘れてはいけません。食べ物が、人間関係の始まり、すなわち将来のあらゆる社会生活の基盤を作る機会となるわけです。

誕生後すぐに子どもを母親から引き離してしまうと、母子の間の特別なきずなを築くことができないことがしばしばあります。生まれたばかりの赤ちゃんは、新しい生活のなかで、母親の腕を子宮の代わりに自分を大切に支えてくれる器として感じる必要がありますし、一方の母親は、子どもが自分の胎内から突然いなくなってしまったという喪失感を、自分の腕のなかに子どもを抱くことによって解消する必要があります。何ヵ月にもわたって胎内で育ててきたにもかかわらず、子どもは月満ちると、さっさと出ていってしまったのです。母親の空虚感は、心身ともに体験されるもので、これを乗り越えるための最善の方法は、子どものそばにいることです。互いにそばにいることで、母子双方が安心できるのです。このような安心感は、本当にふたりの関係が近いときにのみ体験されることです。仮に特別な治療が必要とされる場合でも、母子をなるべくいっしょにいさせてあげるような配慮を怠らなければ、充分に安心感を与えることができます。この母子の関係が発達上いかに重要なものであるかが本当に理解されたなら、あとのことは医療技術で補えます。このことさえ理解されたのなら、仮に困難極まりない状態に陥ったとしても、母子の身体的心理的安寧を守ることができるといえるからです。

人生の初めに母子の間に良いきずなを築く手助けができたら、このふたりの人生の質はおのずと違ったものとなるでしょう。何が起きても、互いを大切に、思い合って守っていくということが「当然な」関係となることでしょう。

このような理由から、母子がお互いにいっしょにいると楽しいと感じられるよう、ふたりがそばにいられるように配慮されるべきでしょう。病院で決められたときにだけ母親のもとに子どもが連れてこられるというのは実に考えものなのです。3時間ごとの授乳というやり方は、どういうわけか多くの小児科医によって採用されています。子どもによって胃の大きさや母乳を吸う力が異なり、また母親によって母乳を生産する速度も違うということは無視されて、何やら新生児が従わねばならないきまりになってしまいました。

授乳時間が決まっているので、ほとんどの子どもは、母親のもとに連れてこられたときには眠っています。眠たいのですから、食べ物には興味なく、おっぱいを吸う努力などはしません。その後20～30分程度の授乳時間が終わると、子どもは新生児室に戻されて、体重が測定されます。当然、おっぱいを充分に飲んではいないことになります。あまり母乳を飲んでいないということが、授乳時間がその子どもに合っていないことと関係があるとは考えられず、たいていは母乳の出方が充分ではないのだと判断されて、「適量」に達するまで哺乳瓶からミルクが与えられることになります。哺乳瓶からは大した努力をしなくてもミルクが出てくるので、結果的に子どもはミルクを飲んでしまいます。次の授乳時間にも、同じことが繰り返されることになります。結局は母親は充分な母乳を出せず、子どもは哺乳瓶の方が好きなのだと思いこんでしまうことになります。でも本当のところは、母乳による授乳を始めさせてもらってはいないのです。母乳を出してほしいという合図を送るはずの子どもが、実際には乳首を吸ってはいないのですから。おなかが空いて食べ物がほしかったり、母親といっしょにいたいときに、子どもは母親のそばにいることはできませんでした。母乳を吸うためには、ある程度の努力が必要ですから、目覚めていなかったり、おなかが空いていなければ、そんな努力をするはずもありません。条件が揃ったときにのみ、子どもは喜んで、率先して母乳を吸うのです。

自発的に母乳を吸うことで、子どもは食べ物以上のものをたくさん得ることになります。いやいやでなく、喜んでそこにいて、乳房に触れたり、母親の表情を通して、抱かれている感触を味わったり、母親の匂いや体温、心音を満喫します。このように生理的、心理的欲求がすべて満たされるときに、大きな幸福感と満足感とを体験します。喜びに満たされたこのような関係を体験することによって、生きることがどれほどすばらしいものであり得るかを感じ、人間関係のなかに喜びを見いだしていくようになります。

このような体験をするために、赤ちゃん自身が必要とするだけ、乳房を吸わせてもらうべきなのです。このようにすることで、成長に必要な食べ物ばかりでなく、存分な喜びと人との交流を体験することができるからです。

授乳に要する時間の長さは、子どもによってまちまちです。それは、子どもの胎内での成長の具合、体重や筋力、母親の乳首の大きさや形、さらに母乳がどれだけ作られるかによるからです。子どもがおっぱいを充分に飲んで、自発的に口を開いて乳首を離し、見るからにからだが緩むときまで、子どもは母親の胸元に置かれていなければなりません。吸うという筋肉活動がすべて終わり、心理的にも大きな満足を得るまで待つ必要があるからです。

ここまで話を進めてきて、母乳がいかに重要であるかというばかりでなく、予め決められた時間に授乳するというのとはまったく別のやり方があることをよく理解していただきたいと思います。そのやり方を、時間に拘束されない「自由な時間割」と呼んでいます。

自由であるといっても、年がら年中食べ物が与えられているということではありません。赤ちゃんというものは、目覚めているときはいつでも食べ物をほしがり、満たされればまた眠りほうけるものだなどと勘違いしてはいけません。いまだに、新生児は一日に20～21時間眠るものだと書かれている小児科医の著書を目にすることがありますが、こんなことは、胎児のときでさえありません。まして生まれたあとに、そのようなことがあり得るでしょうか。新生児は、何十億という脳細胞を持った、とても賢い存在であることを忘れてはなりません。子どもには、母親や他の人々とかかわっていきたい、新しい環境を知りたいという強い願望があるのです。

新生児が泣くときは、子どもを守ろうとする大人の優しさが、かえって子どもから感覚刺激を奪ってしまって感覚的欠乏状態におちいっている場合が多いのです。子どもは単に退屈して、大人の注意を引こうとしたり、抱きあげてもらおうとしたり、話しかけてもらったり、そばにいてもらおうとしているだけなのです。しかし、大人は、子どもというものは何か口に入れてもらいさえすれば満足するものだと勘違いしていて、食事の時間以外は、いつもおしゃぶりを与えることになります。子どもが人とかかわりたいとか、何かを知りたいと思っているときに、大人は、すべての満足は口からくるものだと子どもに教えこんでいるのです。この新しい環境にあるものは、食べ物とゴム製のおしゃぶりだけだというわけです。

子どもは、人とかかわりたいとか、深い精神生活を送りたいという自然な欲求を持っているのに、大人がそれを押し潰し、低下させていることに気づいているのでしょうか。

新生児をきちんと観察して、子どもはただ食べたり、眠ったりすることにしか興味がないなどという勝手な思いこみから解放されると、子どもが懸命にからだのあらゆる部分を動かしたり、周囲で起きているあらゆることをじっと見ていることがわかります。子どもが、どれほど注意深く人の声や周囲の音を聞いているかにも気づきます。本当におなかが空いているときだけ、おっぱいを喜んで飲むこともわかります。大人がさほど手間をかけずに与えられるもの、たとえば、私たちの存在自体や音楽、見ていておもしろいものなどを、子どもはとても喜びます。そして食事の時間ともなれば、子どもは喜んでおっぱいを飲み、そうしながら、人とかかわるとはどういうことかを深く体験していくのです。

食べ物は、もちろん生きるために不可欠なものであり、大きな楽しみの一つでもあります。でも食べ物が、人間にもっとも刺激や満足をもたらすものとなってはいけません。子どもがむずがるたびに、口に何かを押し入れていると、気がつかないうちに、環境との間に非常に危うい関係ができあがっていきます。食べ物は、人との交わりの機会になり得るという可能性を失って、それ自体が喜びをもたらすものとなってしまいます。つまり、食べ物は「人」とではなくて「物」

とつながる喜びのもとになってしまうのです。

ですから授乳をするときには、母親は静かな場所にゆったりと座り、子どもに視線を向けていることが大切です。実際には、乳房をふくませながら、本を読んだり、誰かとおしゃべりしたり、テレビを見たりすることはできます。でもこのようにすると、子どもに食べ物は与えていても、心の栄養は与えていないという事態に陥っていることに気づかねばなりません。エーリッヒ フロム（Erich Fromm）がいみじくもいっているように、「母乳はあげていても、心の楽しみ（honey）は与えてはいない」のです。

「自由な時間割」による授乳とは、授乳の間隔をどれくらいにするかを第三者が決めるのではなくて、子どもを観察して、子どもが飲みたいというときを待つということです。母乳を消化するにはおよそ2時間半はかかるので、この最低限の時間が経過するまでは授乳を差し控えるべきです。もし子どもが眠っていたり、授乳に興味を示さなければ、間隔が延びてもいっこうにかまいません。母乳が作られる量は、一日のなかでも時間帯によって異なります。午前中にはたくさん作られ、昼過ぎに一旦量は減って、夕方になるとまた増え始めます。授乳期にある女性なら誰でも知っていることですが、乳房は他の時間帯よりも午前中に重く感じられます。それなのに、子どもがいつも同じ量のおっぱいを、同じ間隔でほしがっていることにする必要があるでしょうか。ときにはしっかり食事をする必要があるけれども、ときによっては、おやつ程度でも充分ということです！

子どもが一日に飲むお乳の量が問題であって、授乳の回数は子どもによって異なります。たいていの場合、授乳回数は、第三者が決めた時間割による授乳回数よりも少ないのです。1972年に、私は誕生後の初めの数週間における睡眠と食習慣に関する調査に加わりました。この研究結果は、その後の観察によって確認されていますが、新生児は一日に5～6回おっぱいを飲み、最後の授乳はだいたい夜の7～8時頃で、その後午前2～3時まで眠ります。こんな時間帯に子どもが目覚めて、おっぱいをもらうまで泣き止まないのには、実のところ閉口してしまいます。でも、あかりの強さやその他の刺激量を抑えていれば、子どもはおっぱいを飲み終えたあと翌朝まで眠ります。

生後6～8週目頃の母子共生期が終わる頃になると、この睡眠パターンが変わって、子どもは太陽の動きに従うようになります。ある朝、子どもが一晩中起きることなく眠ったことに気がつきます。その日以降、家族はほっとするわけですが、夜の授乳が終わると、子どもは夜中に目覚めることなく、朝まで眠るようになります。これは自己調節機能で、新生児が本来持っているリズムを大人が尊重しさえすれば、きちんと機能するようになります。両親はこの胎内から外界への移行期についてよく知り、子どものなかで起きていることを理解することが大事です。新生児は、生まれるまで昼と夜という区別を体験したことがないので、太陽の運行に基づいた生活に慣れるのに、いささか時間の猶予が必要なだけなのです。昼夜の区別をある程度経験すれば、問題は自然と解決されます。

赤ちゃんは、夜おなかが空いて目覚めたとしても、母親がそばにいてくれたり、おっぱいをもらうことによって落ち着きます。放っておくと、夜になるとぐずり、寝つきが悪くなることもあります。この6～8週間は続く夜中の騒ぎにつき合っていくと、子どもは、容易に外界の生活に適応することができます。子どもが懸命に新しい環境に適応しようとしているにもかかわらず、大人がこれと戦ってしまうと、子どもはなかなか昼夜のリズムをつかむことができなくなってしまいます。こうなったら、あとがかえって大変なことになってしまいます。

すでにお話ししましたように、母乳を与える際の黄金律は、大人が子どもを無理に離すのではなく、子ども自身が乳首を離すのを必ず待つということです。これはなかなか守られないことなのですが、こうすることによって、子どもは大きな満足を得るばかりでなく、生きるために不可欠な食べ物を管理できる力が自分にあるという自信を育んでいきます。子どもが自発的に乳首を離す前に、大人の都合で乳房がしまわれてしまうのは本当に見るにしのびません。こんなとき子どもは、まだおっぱいを飲んでいたいという自分の意志が、外界からの大きな力で打ち砕かれたという無力さだけを感じることになります。看護婦や小児科医から、数分間ずつそれぞれの乳房を交互に子どもにふくませるようにとの助言を受ける母親が多いのですが、この指示は、生理学的観点から見て誤りであるといわざるを得ません。なぜなら、授乳開始時としばらく後の母乳の質は同じではないからです。飲み始めは、薄くて、塩分やタンパク質を含んでいますが、後になるにしたがって、もっと濃くて、多くの脂肪分を含んできます。ですからバランスのとれた母乳を与えるためには、子どもが乳房に含まれている乳をすべて飲み干す必要があるのです。そして乳房が空になれば、母乳が生産されなければならないという指示が脳下垂体に出されることになります。心理的にみても、乳房を数分間ずつ交互に与えるということは考えものです。子どもは空腹を満足させるための量を、初めの数分間に夢中で力強く飲んでしまいます。後半になると、むしろ母親といっしょにいることが喜びで、母親の存在と食べ物を満喫しているからです。授乳中の子どもを観察すると、前半は目を閉じて、懸命に全身を使って飲むことに集中していますが、後半になると、くつろいで、吸い方もゆっくりになり、ときおり母親をじっと見ています。後半のこの部分は、私たちが仲のよい友人といっしょに食事をとったあと、コーヒーやデザート、食後酒で余韻を楽しみながら、食卓を離れずにおしゃべりを続けているひとときのようです。食事からこの部分を取ってしまったとしたら、食事の持つ社交の意味合いが失われてしまうのではないでしょうか。食事とは、人と交わり、親交を深めるための機会であるからです。

子どもの授乳時間を大人が制約してしまったら、子どもが心から満足することはできません。

赤ちゃんが心から満足している様子を見るのは、本当に嬉しいものです。子どもは自分から乳首を離して、微笑み、心身ともにリラックスしています。おっぱいを吸うために、ありったけの筋肉運動をしたあとに、このような状態に達します。そのためにどれ位時間がかかるかは子どもによって異なり、同じ母親であっても、子どもによって異なるので判断はできません。とにかく母乳のすばらしさがすべて引き出されるように、配慮されなければなりません。なぜなら、子どもの成長に最適な食べ物を与えていても、人と接する幸せや授乳を通して毎日何回も体験する喜びを得ていないかもしれないのですから！

ことに誕生直後の数日間は、まだ赤ちゃんの筋力は鍛えられていないのですから、授乳の間はゆっくり時間をかけて、忍耐強くなければなりません。授乳によって子どもの胃袋を満たそうとしているのではなく、愛情に満ちた相互の関係を築き合っているわけですから！　このようにすることによって、新生児が求めているすべてのもの、なかでもとりわけ将来にとって重要な心理的要求を満たすことになるのです。

もし授乳の間を大好きな人といっしょにいられる楽しいひとときだと考えるのなら、子どもが喜んで吸うときに授乳するよう配慮するのは簡単なことでしょう。子どもには、自分から喜んで乳首に吸い付き、しゃぶって、満足したら離れるという自由が保証されなければなりません。

いのちの持つ知恵

誕生直後の数週間は、大切なことがたくさん起きる重要な時期であることがわかりました。もっと大事なことが今後さらに発見されるかもしれませんが、新生児が小さくて、無力で、特別な食べ物を必要とすることが人間関係を築く上で役立ち、これらの要素のお陰で、子どもは心身ともに成長することができるということは明らかです。

母乳を吸ったり、充分に世話をしてもらうことで、一日に何回も子どもが母親に「くっつく」ことが大事です。胎内記憶にあるものが外界にも存在することを確認しつつ、子どもが母親とくっついたり、離れたりする体験を繰り返しながら、新しい環境もなかなか良いものであることを発見していくからです。

以上のことをすべて考え合わせてみると、なんら中断することなく、衝撃（trauma）を受けることもなく、子どもが問題なく成長するように、いのちが賢く段取りをつけていることに気づかされます。

ここで、子どもの統合された動きについて、誕生の前と後ではどのように違うか考えてみましょう。胎児の様子を観察してみると、実によくからだのいろいろな部位を動かしていることがわかりますが、からだを完全に伸ばすことはできません。狭い胎内ではこれは当然のことですが、誕生後にはこの点は変えられなければなりません。新生児はからだを動かせる空間をとても必要としていて、はだかになるといつでも、足を動かすことができるのでとても嬉しそうです。

ベビーベッドや乳母車ではなくて、もう少し自由に動ける空間を準備すると、子どもはゆっくりですが確実にその場で回転し、さらには、その場所の端に行き着くまで、自分のからだの位置を変えることもできるようになります。子どもは、大変な集中力をもって、このような動きをします。自分がその上を移動している床面と自分のからだとの位置関係がどのようになっているかを非常に敏感に感じ取ります。このように動くためには、当然多くの情報を集めなければなりませんから、子どもは、胎内とは全く違う外界における自分自身について知り始めるのです。誕生後に獲得した、胎内より広い空間で味わう自由な感じは、子どもにとって何とも嬉しいものですし、好奇心を呼び起こすものでもあり、ありがたいものです。子どもにとって、安心感がほしいときにいつも母親が抱いてくれるのはすばらしいことなのですが、それと同時に、自分のからだを自由に動かして、さまざまな格好をしてみるということも同じように嬉しいことなのです。

母親との愛着と分離を交互に繰り返すということが、子どもにとって大事な二つの側面であり、子どもがこれらの両側面を体験することによって、子どもの成長に自立へと向かっていきます。このように、いのちには大いなる知恵があって、人間を成長の過程に沿って発達させる機会を与えてくれます。人間の成長とは、環境のなかでどのように活動できる力が自分にあるのか、日々発見していく過程です。

しかし、生まれた直後から、子どもはこのような貴重な体験から遠ざけられて、自然な発達が妨げられてしまいがちです。いのちは、細心の注意を払って、発達の段階を予め準備しているにもかかわらず、どうも大人たちはすべてにわたってそれを邪魔するようなことをしているようです。

アデーレ　コスタ　ニォッキ（Adele Costa Gnocchi：マリア　モンテッソーリの友人で、1947年にローマで乳児アシスタントコースを始めた女史）は、かつて私にこのように強調したことがあります。「乳幼児の発達を阻止しようとする組織だった運動が、この世界にはあるようです」

この悲しい状況も、大人がもっと子どものことを知り、生きるものすべてのなかにある成長しようとする不思議な力に気づきさえすれば、すぐに変えることができるでしょう。そうなれば、大人は、誕生の瞬間から、意識的にいのちに対して手助けしたいと思うことでしょう。

基本的信頼

母子共生期はとても短く、たった6〜8週間ほどしかありません。でも、とくに心理的発達との関連で、大変に重要な時期であることを強調しなければなりません。からだの発達は、目に見えるのでわかりやすいものです。体重計に子どもを乗せれば、どれくらい体重が増えたかわかりますし、身長を測定することもできます。心理面についてはどうでしょう？

新生児は、この母子共生期の間に、単にからだが生まれた段階（身体的誕生）から心理的にもひとりの人間になっていく段階（心理的誕生）へと進みます。身体的誕生とは、もちろん母親の子宮を離れるときなのですが、心理的誕生は、心身の基本的な統合ができて、新しい環境がおおよそどのようなところかわかった頃になります。

からだが生まれ出るためには、臍の緒を切るだけで充分です。でも、心理的にもひとりの人間となるためには、母親の腕に抱かれたり、胎内記憶にあるものを外界でも体験したり、必要なときに食べ物が与えられ、求めたときには必ず母親が応えてくれるという安心感がある、いわば、「体外での胎児期」を体験しなければなりません。すでにお話ししましたように、母親と触れ合うことを強く求めている時期に、その要求が充分満たされると、子どもは自分が生まれ出た世界は安心できるところであると思うようになります。この子宮の外の世界は、自分で試し、自分で信じられるところであると感じれば、生涯自分にとって、信頼できるところであり続けます。ですからその子どもは、今までに経験したことのない状況に遭遇しても怖がることなく、さらに努力を続けていくことでしょう。短い時間なら、母親から離されても怖がらず、安心して落ち着いていられます。何回も抱かれたり、触れられたりすることによって、子どもはすでにどこまでが自分のからだなのか、自分と外界との境界を知るようになっており、それによって外界でも安心していられます。自分と自分以外の存在とを区別できるようになり、これによって、その環境のなかで行動したり、さまざまな感覚刺激を受けたりすることを可能にします。

外界に対する基本的信頼感は、心理的に主体性を持つための第一の柱であり、子どもの心のなかに、生後2ヵ月までには形成されていなければなりません。このような信頼感ができあがっていると、人生はバラ色になり、いわゆる楽観的な人物になります。つまり、人生で何が起きようとも、難しい状況のなかで、あくまでも前向きに解決していこうとし続けていくことでしょう。この世界は良いところであり、人生は生きるに値する楽しいものであると感じるのです。子どもの将来の生活にとって、このような積み重ねがどれほど大切かは、よくおわかりいただけると思います！

世界に対する見方をこれほど変えてしまうには、母子共生期はあまりに短か過ぎると思われるかもしれません。でも妊娠中に胎芽期という、時間的には母子共生期と同じ長さの期間に、子どものからだのあらゆる部分ができあがってしまうことを考えれば短かすぎるということはありません。

　人間はとても速く発達するので、成長する子どもがつぎつぎに見せる変化に対応するのはなかなか大変です。たった2ヵ月で、子どもは新生児とは全く異なった存在になり、別の接し方が必要になります。母子共生期の間、とても重要な存在であった母親は、今でもほかの誰よりも大事な人なのですが、以前と同じ意味合いでは必要とされなくなります。母親が子どもを大切に思い、さまざまな配慮をしてくれたお陰で、子どもは誕生したあと、無事に問題なく子宮から外界へと移行することができました。母親はいまだに大事な存在なのですが、それは以前とは違った意味においてなのです。母子共生期が終わった今、ふたりはまた別なあり方で、共に生きることを考えなければなりません。つまり、ふたりの関係は新しい段階を迎え、互いがそれぞれにもっと自由であることができるわけです。

　母子共生期に、しっかりとしたきずなができあがっていると、子どもは自然に母親から離れて心理的な誕生を迎えます。必要なことが完全に満たされたときに、次の段階へと移っていけます。からだと心の要求をとても上手に組み合わせて、人間が健康に発達できるように、双方をうまく使っていく自然の手際の良さには感嘆してしまいます。すべての両親と子どもとかかわる大人は、誕生時から子どもを的確に手助けするために、このことをよく理解しなければなりません。私たちは子どもに、生涯にわたって役立ち、人生の質を深く変えてしまうほどの貴重な贈り物をすることができるのです。

基本的信頼感は根本となるものであり、短期間に築かれ得るものです。母子共生期が終わるときには、この信頼感はできあがっていなければなりません。

ここでとりあげる「母子分離」の過程は、より外側にある世界へ子どもを導く、次々に現われる扉に例えることができます。分離の各段階は通りぬけるたびに広がる、より複雑でより多彩な世界へつながる押し開くべき扉であると考えると、分離の過程を通りぬけることで次の段階でよりよい選択ができるように充分育っていなければなりません。そうでないと、次の段階への移行が否定的にのみ受け取られてしまいます。新しい状況とうまく折り合えないと、以前の状態の方が居心地がよく思われて、成長することを止めようとすることもあるのです。

どんな人間でも、たったひとりで成長していくことはできません。より多くの可能性のある新しい環境へと子どもが入っていくためには、橋渡し役となる大人が必要です。橋渡しとなる大人には、子どもが今どのようなことを必要としているかを把握し、さらに、その要求に的確に応えていくように注意を払うことが求められます。

母子共生期の間、私たちが過保護になりすぎると、その結果、子どもが自分から何かを求めてそれを得る、という体験をしないままに終わってしまうこともあります。その一方で、子どもに対してあまり反応を示さないか、あるいはすぐに対応しないでいると、子どもは生まれてきたこの世界は、自分の必要とすることには応えてはくれないのだという印象を持つことでしょう。新生児が何か要求を表した際に的確な反応をしないでいると、基本的信頼は築かれません。人生は生きるに値する楽しいものだと感じて成長していくために必要な安心感が育たないままで終わってしまうことになります。

第4章 父親の存在

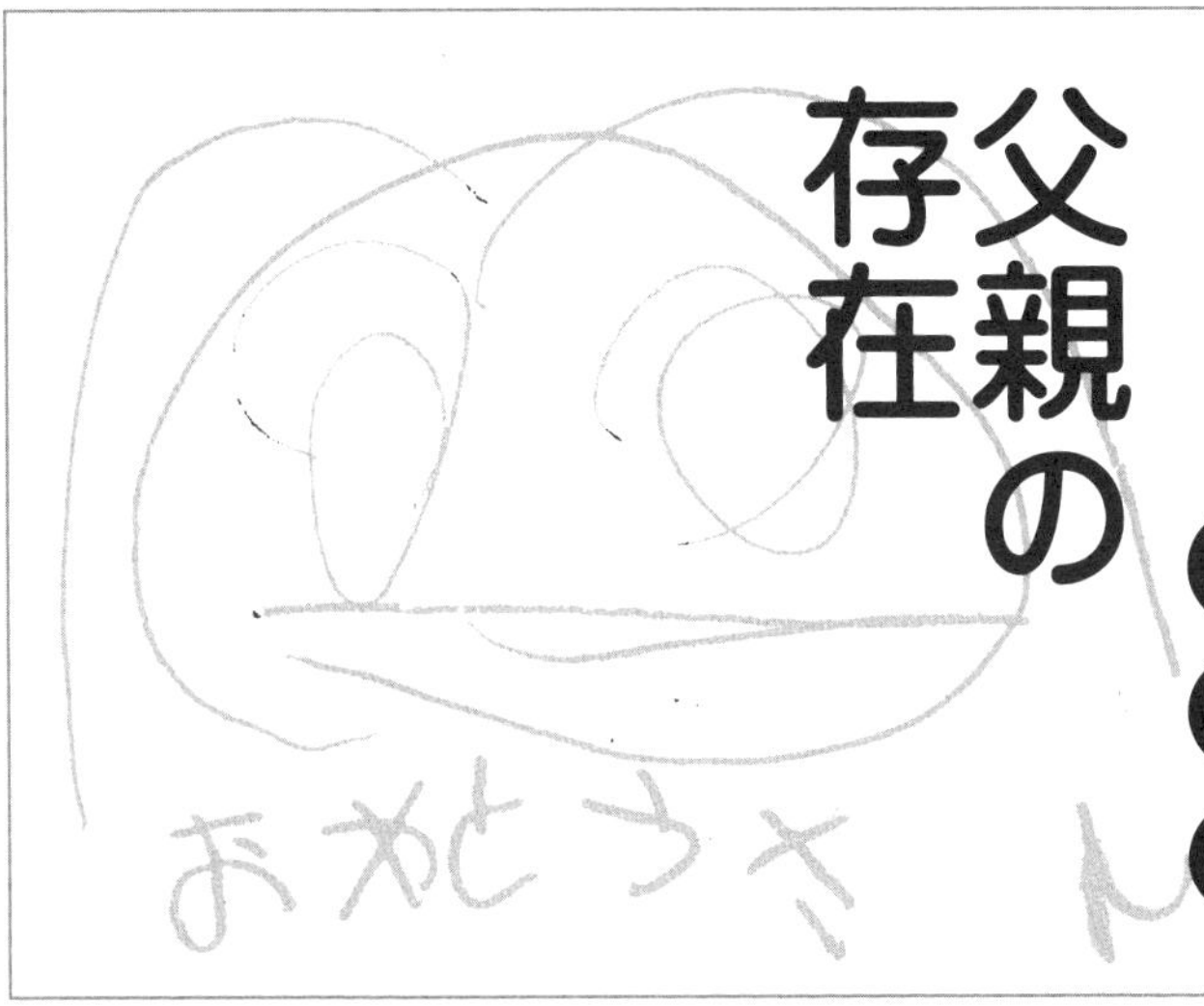

「父親」とは何でしょう？

　ときに父親が誰であるのかわからない場合もありますが、いずれにせよ、父親がいなくて生まれてくる子どもはいません。ここでは、生物学的（この側面も大切なのですが）な父親というよりも、むしろ父親の教育的な役割について考えていきたいと思います。この章では、父親の存在が、子どもの人生にどのような影響を及ぼし得るかについて検討してみましょう。もちろん、本当の父親でなくても、その子どもを大事に思い、子どものために時間を割くほどの気持ちがあるなら、叔父であれ、兄であれ、家族の友人（子どもが大きくなってからは、教師や所属するグループなど）であれ、父親としての役割を果たすことができます。

　ご存じのように、父性本能（あるいは母性本能も）などというものはありません。ただ、次世代を担う子どもたちに対して、自分自身の子どもでなくとも、彼らの必要に応えようとしたり、世話をしようと自分自身を駆り立てる父性（あるいは母性）と呼べる潜在能力が人間にはあります。

誰もが持っているこの潜在能力に加えて、父親（あるいは母親）になる「敏感期」（訳者注：モンテッソーリ用語。発達に必要な刺激に対して、とくに敏感になる時期で、一過性）と呼べる特別な時期があります。これは、子どもが誕生した直後の数時間から数日間にあたります。この敏感期が有効に機能するために、子どもと直接触れ合うことが必要です。

ありがたいことに、私たちの文化や社会的な状況が変化して、男性が父親としての気持ちを表に出せるようになっています。このことは、子どもたちにとっても、誕生直後から父親の存在が身近に感じられるという恩恵をもたらします。

今日の社会において、父親の協力なしに、子どもの情緒や社会性の発達を考えることはできません。子どもの人生のあらゆる時点で、父親の存在は重要です。同じように、子どもにとって大事なことは、父親が母親とどのような関係を持っているかということです。ふたりの関係が落ち着いていて、調和のあるものであれば、子どもに対して不必要にベタベタしたり、いつも自分に引き付けておこうとはせずに、大切に見守っていくことができます。両親がお互いを大事に思っていれば、互いの感情の行き違いを、子どもとの間で解消しようとはしないものだからです。

父親は、物質的に必要なものを与えるばかりでなく、子どもを世話したり、おしゃべりしたり、

父親と子どもとの間に育まれた信頼関係。

遊んだりして、いっしょに時を過ごすことによって、子どもに愛情をかけていくことが求められます。最近では、父親がこのように子どもといっしょに時間を過ごすことが多くなっているようですが、それは少子化が進み、一人ひとりの子どもに注目しやすくなったためだと考えられます。同時に、現在は核家族化が進み、子どもが母親を相手に長時間を過ごす傾向がみられるようになっているので、父親の存在の重要性が認識されていることも一因です。

今日のように科学技術が発達した社会では、仕事をする父親と家庭での父親との間につながりがほとんどありません。そのため、昼間は父親として機能することはほとんどできないわけですから、家庭での父親としての役割はとても重視されなければなりません。保育園や幼稚園の男性職員の数は非常に限定されていますので、子どもたちはほとんど女性だけに囲まれて生活しているという奇妙な環境におかれています。このような状態は一般社会の本来の姿ではないのですが、生後数年間、子どもはこのような不自然な環境にいることが多いのです。父親がそばにいることによって、子どもは人類のもう一方の側面について学ぶことができます。子どもが受け継いでいる遺伝情報の半分は、父親から来ているわけですから、自分の息子や娘の成長に力を貸すのは当然のことです。父親の助けを借りることによって、次世代の人間は、自分の持つ可能性をさらに実現していくことができることでしょう。

両親がいることの重要性

今日では、男女が直接触れ合うことなく、子どもを設けることができます。試験管ベビーやら、それに似た情報の数々が雑誌のページを埋め尽くしていて、何やら人間の生殖活動が単に生物学的なもので、受精の仕組みにだけ意味があるような印象を与えているように思います。私たちの生きている現実がどのようなものであるか理解しようとしたり、それに応えていこうとする代わりに、その現実を自分の思い通りに変えたいと願って、ついに生殖活動の生物学的側面と情緒的側面とを完全に分けてしまうに至りました。医療技術の進歩により（生殖医療の助けを借りて受胎することが可能になりましたが）、そこで展開する誕生までの過程すなわち受精卵期、胎芽期そして胎児期は、自然な受胎で体験されるものとは全く違うものとなります。受精の瞬間から記憶が機能しているのだということを考えると、私たちの心のなかに重大な疑問が沸き起こってきますし、いのちとはいったい何であるのかという哲学的、倫理的な疑問も首をもたげてきます。

しかしここでは、このような根本的、実存的な問題に立ち入らずに、子どもが成長していく上で、いかに両親が必要であるかについてのみ考えていきたいと思います。人間を生物学的な側面と心理的な側面の両面からみていくことが大事ですが、便宜上双方を分けて考えてみましょう。この二つの側面はいつも深く結びついていて、両方が調和しながら発達していくときにのみ、人は幸せであると「感じ」、楽しく何かを「する」ことができます。

受精の際、両方の親から染色体が提供されて（父親から23、母親からも23）、それらが組み合わされることによって、新しく生まれる子どもがどんな身体的特徴を持つか、細かな計画ができあがります。この仕組みを司る遺伝の法則の不思議さには、ただ驚嘆するばかりです。これらの遺伝子がどのように組み合わされるのか、どの遺伝子が優性になるのか、どんな突然変異が生ずるのかによって、そのいのちはこの世で唯一の存在となります。同じ両親からたとえ何人の子どもが生まれようとも、みんなそれぞれに違います。これらの法則のお陰で、それぞれの人間が、身体的に紛れもなく自分であるという感覚を持つことができ、劣性のものが消えて、優れた資質を残していくことができます。このようにして、いのちの質が向上していきます。

しかし、遺伝という観点からみた父親の役割ばかりに気を取られていると、父親の存在の本来の重要性が半減してしまいます。男女が子どもをほしいと願い、妊娠に気づいたそのときから、

家族は社会を作る基本的単位。

新しいいのちを手助けし、守るというふたりの共同作業が始まります。父親と母親とは子どもにとって「人間社会そのもの」であり、そのなかで子どもは人間として成長していくために必要な、最初の基本となる体験をしていきます。人間は父親と母親とから染色体を受け継ぐことから始まりますが、人間としての特徴を完全に修得するためには、人間が実際に生活している環境のなかで育つことが必要です。

家族は人間社会の基本単位であり、そのなかで子どもは両親の個人としての行動や社会的な行動を観察して、それらを自分のなかへ取り込んでいきます。子どもが取り込んでいくものはすべて、大人の生活に見られるさまざまな行動様式です。これが父親と母親の子どもに対する教育的な側面であって、子どもを生み出すという生物学的な役割の次にくるものです。もちろん教育的側面と生物学的側面とは、ばらばらにとらえられるべきものではありません。それではこれから、子どもの成長のさまざまな段階で、父親がどのような教育的役割を担っているのかについてみていきましょう。

妊娠中の父親の役割

父親が愛情深く母子を支えるならば、妊娠中の日々はとても充実したものになることでしょう。胎児の心は大変活発に機能しているので、妊娠中から子どもと交流することもできます。母親と子どもとの対話に、父親も簡単に加わることができます。子どもは、この第三の声である父親の声を聞いて、識別できるようになります（子宮のなかでも、音は聞こえます）。このようにして、誕生前から、子どもとの間にきずなを築いていくことができます。

父親が母親のことを大切に思っていると、母親の気持ちは穏やかになり、胎児の環境はより快適なものとなります。出産のための準備講座に、両親そろって参加することも良いでしょう。より良い出産を実現するために協力することは、子どもにとっても良い効果をもたらします。このような両親で参加する準備講座は、単に出産に関する技術的なもの以上のことが網羅されているべきです。子どもを家に迎えるとはどういうことなのか、子どもがいることでどんな問題が起こり得るのか、さらにそれらはどのように解決されるのかといったことについて理解を深める、とても大事な機会となります。

子どもの誕生にあたって具体的に何を準備するかについては、両親自身が育ってきた家庭環境のなかで培われた、教育に対する姿勢によって決められていきます。妊娠中の他の親たちといっしょに、教育に対する姿勢について話し合う時間を持ってみることも、将来の家庭生活にとても役立つことでしょう。

子どもが実際に生まれて、両親が新しい生活にてんてこ舞いになる前に、どのような家具や衣服が必要か、どのように授乳するのか、新生児はどの位睡眠をとる必要があるのか、また子どもはどのような精神活動や筋肉運動をする能力があるのかについて考えたり、理解したり、実際に計画を立てたりしておくことが大切です。

父親が出産の準備講座に積極的に参加することによって、グループディスカッションの内容が深まるばかりでなく、女性とは異なった視点やさまざまな体験が語られることにより、参加者の子どもに対する姿勢や先入観を変えていくことができることでしょう。一連の講座がきっかけとなって、両親がそれぞれの家庭において、新しい考え方や助言について、引き続き話し合っていく機会を持つこともできます。

誕生後、子どもはどんなことを必要とするのか考えていくうちに、両親はこれから生まれてくる子どもに対して、自分たちはどのような教育的役割を果たさなければならないのかを考え、子どもが心身ともに幸せであるために自分たちに課せられた責任を新たに感じ始めます。両親は、すでに新しいいのちをこの世に生み出すという共同の計画において強く結ばれてはいるのですが、子どもの人生にとって、自分たちがいかに重要であるかに気づくことによって、ふたりの関係はさらに良い、深いものとなっていくことでしょう。

出産時の父親の役割

何時間にも及ぶ陣痛と分娩の間に果たす父親の役割は、とても大切なものです。世界の多くの文化に共通した考え方は、出産は女性の役目であり、男性は出産に立ち合うべきではないというものです。どの文化にも、出産時に母親を助ける専門の女性がいるものです。以前はこの「専門家」に加えて、親戚や近所の人たちが必ず手伝いにきていたので、母親が陣痛時や分娩時に、ひとりぼっちにされることはありませんでした。医学の発達によって感染症が発見され、いざというときには医療が介入できるようになってからは、家庭より病院の方が出産場所として好まれるようになりました。その結果、母親は、それまで暖かく見守ってくれていた周囲の人々から離れて、ひとり病院で医者や看護婦の管理のもとに置かれるようになりました。このように、出産時の母子に対して最新の医療技術が適用されるようになった一方で、出産の心理的な側面に対しては、あまり関心が払われることはありませんでした。

出産は、本来ごく自然なものであるにもかかわらず、次第に医療の介入が当然なものとして考えられるようになりました。しかし、医療技術が介入し過ぎることは好ましいことではなく、母親を援助するためには別のやり方が必要であることに気づき始めました。以来数十年が経ち、さまざまな出産準備の方法が開発され、母親を援助するための新たな道が開かれ始めました。女性はまず、出産は重要な瞬間ではあるけれども、子どもを育てるという一大事業のなかのほんの一部でしかないということを理解しなければなりません。現在では予め出産に向けて準備をし、出産がどのような経過をたどり、どのような技術を知っていると役立つかなどの知識を事前に得ることができます。

出産とは大演技ですから、訓練を受けることによって上手に演技することができるのです。

出産に先立ち母親自身が準備する必要があるという点については納得しても、父親が出産に立ち合うべきであるという考え方については、どこに行っても抵抗感がつきまといます。反対する口実としては、たとえば、女性は自分のお産の姿を見られたくないものだとか、男性は出産にはとても立ち合えるものではないとか、感染の危険があるとかいわれます。しかし、女性の自覚が高まり、人々の間で健康についての問題意識も広まりをみせるなかで次第にその抵抗感がうすれて、以前よりも出産に父親が立ち合うようになっています。とくに出産に向けて必要な準備をした父親たちが、次第に病院にやってきて、分娩室に入るようになりました。

父親の存在は、かつて母親を周囲で支えていた人々の現代版といえるでしょう。最近では核家族化が進んでいるので、父親の存在はますます重要性を帯びてきています。異世代が同居していた大家族時代には、人生の節目となる、出産のような一大事に手助けできる女性たちが必ず家庭にいたものです。

父親は補助的な役割をするだけでなく、出産についてよく知っていれば、出産の過程に「真の意味で」参加することができます。子宮口が全開になるまでの開口期は長期間に及ぶわけですから、その間、母親の傍らにいて支えになることができます。いよいよ分娩のときがきたら、父親はいっしょに分娩室に入り、子どもが胎外に出てくるまでの間、母親の頭や肩をしっかりと支えてあげることができます。

これが本来の「出産」の姿です。出産に父親が立ち合うことの効果についての研究結果は、父親の協力が母親に良い影響を及ぼすことを立証しています。痛みは和らぎ、薬物の使用量は少なくてすみ、概して両親は、出産をいっしょに体験できたことに満足しています。

1974年から、アメリカ産婦人科学会（American Obstetrics and Gynecological Association）では、父親が分娩に立ち合うことを正式に認めていますが、大半の病院ではまだ実際には行われていません。しかし最近では、親のあり方が従来とは変わらなければならないということをたびたび耳にするようになって、出産の体験を共有したいと希望する両親が増えてきています。彼らは出産が近づくと、新たな責任を担えるように自分自身を準備して、子どものためにできうる限り環境を改善していきます。

もちろん父親は専門家の代わりをすることはできませんが、確実に出産のあり方を変えることができ、子育ては母親ひとりでするものではないのだと感じさせることができます。

母子共生期を守る「防壁」

出産直後の数週間、父親は、母親と生まれたばかりの赤ちゃんとをまた別の形で手助けすることができます。出産後の敏感期についてすでに述べましたが、それは子どもが「身体的誕生」から「人間としての誕生」へと移行する、とても大事な時期です。この時期をどのように過ごすかは、実にまちまちです。母親と同じように子どもの幸せを願い、それでいて母親のように子どもにおっぱいをあげることに専心しなくてよい人がそばにいるかどうかにかかっています。

予備知識を得ている父親は、授乳を通して母子の間に特別な関係が築かれること、そして最初の数日間は、授乳やさまざまな世話に時間がかかることを承知していますから、母子共生期の始まりにおける父親の最初の役割は、母と子を守る「防壁」になることです。

家庭では、食事をしていても、休んでいても、電話や玄関の呼び鈴はおかまいなしに鳴ります。母親が赤ちゃんの世話に追われていても、善意あふれる親戚や友人はやってきますが、母と子が世話を通してお互いを知り合っていくという、繊細な作業が邪魔されることがあってはなりません。病院から家に戻ってきたばかりの数日間、母親はとくに疲れやすいものです。その上、一日の生活の流れを新たに確立しなければならないわけですから、状況をよく理解した父親の協力がとても大事になります。

このことは決して、母親の代わりを務める人が必要ということではありません。それは大きな間違いで、母子の間の特別なきずなが作りにくくなってしまいます。そうではなくて、母と子が自分たちのペースでゆっくりとかかわったり、お互いが満足して授乳を終えられるように、ふたりの時間を確保してくれる人が必要なのです。

このように状況をよく理解した人によって守られることによって、母子共生期にたくさんの喜びの体験をした赤ちゃんが新しい環境から受け取る最初のメッセージは、より肯定的なものになり、これらの体験は、子どもが「基本的信頼感」を築くのに一役買うことになるでしょう。

父親の育児休暇は、すでにいくつかの国で認められています（イギリスでは、2週間認められています）。育児休暇を取ることによって、父親はこの重要な役割を果たすことができます。しかし、このような休暇を取ることができなくても、有給休暇などを必要に応じて計画的に使うことによって、父親の役割を果たすことができるでしょう。

最近は子どもをそれほど生まないし、母子共生期はとても短いものです。初めの2～3週間が父親によって守られることによって、「母子一緒」の生活がうまくいくばかりでなく、（これがもっと大切なことなのですが）まとまりのある「家族の生活」を始めることができるのです。

赤ちゃん誕生直後の数週間に父親にできることは、世間から母子を守る防壁になることだけではありません。父親は、子どもの生活に直接かかわって、さまざまな方法で触覚、嗅覚、聴覚や視覚を豊かにすることができます。たとえば、毎日お風呂に入れたり、あやしたり、話しかけたり、歌ったりすることもできます。肌と肌との直接の触れ合いは、大事なコミュニケーションの方法です。当初から父親とこのように触れ合うことによって、父親と子どもとの間にきずなが作られていきます。

アシュレイ　モンタギュー（Ashley Montagu）は、著書（原題Touching）のなかでこう述べています。「父親と母親とから十分に触れられることによって、より良い人間関係を作ることが可能になります」

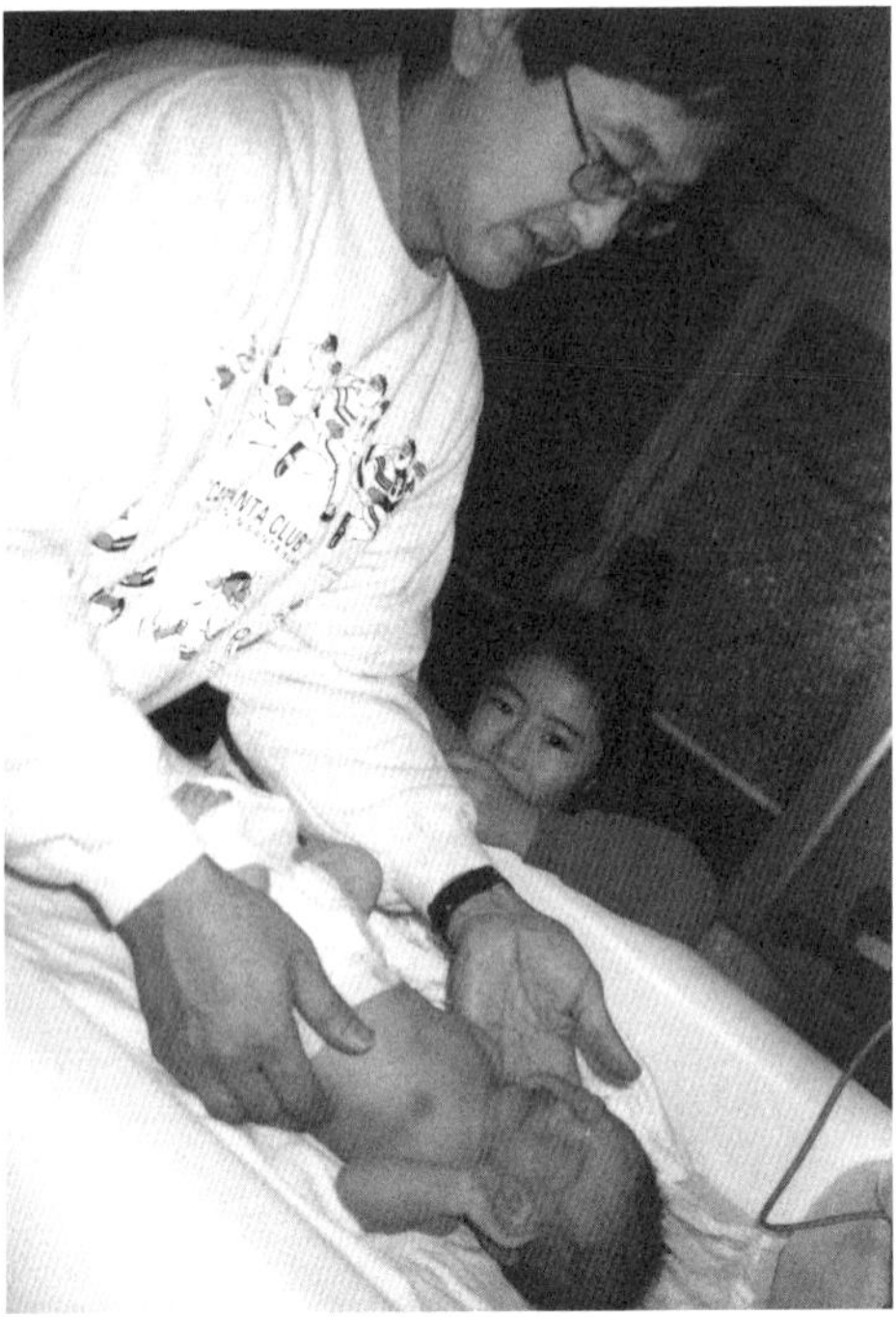
父親は、新生児と誕生直後から親密な関係を築くことができる。

赤ちゃんは、母親とは違った大きな手でしっかりと支えてくれる父親と触れ合うことが大好きです。

母子関係が将来の人間関係の原型となるので、誕生直後の数週間における母子関係の重要性が強調されますが、父親も、新生児にとって母親と同じくらい大事な存在です。父親と直接触れ合うことによって、お互いを知り合っていくことが嬉しいばかりでなく、母親に加えてもう一人「愛する対象」が、初めから存在することを感じることができます。父親との触れ合いの持つ多くの利点について、次の項で見てみましょう。

自主性と自立への導き手としての父親

子どもが成長するにつれて、父親の教育的役割はさらに明確なものになります。父親は母親とは異なった行動モデルになるのです。両親は、男性または女性としてのモデルとしてよりも、まずそれぞれの人間としてのあり方を子どもに示し、子どもは両親を観察して、それを感じ取っていきます。ですから、周囲にふたりの異なった人がいることが望ましいのです。

父親が誕生直後から子どもと積極的にかかわることによって、子どもの自立していく過程が自然に促されます。父親が近くにいることによって、母親とだけ接触するような環境にいる場合に起こりがちな、母親との結びつきが強くなり過ぎる事態が避けられるからです。父親は、一日の生活のなかの大事なひととき（入浴、おむつ交換、お遊び、もう少しあとになると食事）に、毎日子どもとかかわることができます。実際にかかわるなかで、子どもは、母親とは違ったからだの動かし方や話し方を体験し、このような体験が子どもの人格を形成していく上で重要な教育的な役割を果たしていくことになります。

父親と一緒に活動することによって、子どもは世界を知っていくことの楽しさを体験していく。

子どもが一人で動けるようになれば（そろそろ一歳になる頃）、父親はいろいろなことをいっしょにしようと、子どもを誘うことができるようになります。子どもは、それらの体験を通して、環境のなかで生きていく自信をつけます。私たちのまわりには、学ぶべき世界が広がっていて、そこにはなすべき作業があります。その作業を通して、私たちをとりまく世界を変化させ、子どもはその広い世界のなかで試行錯誤しながら、より困難なことを達成するために自分のからだの動きを調整することを学び、自立していきます。

父親が子どもを大切にし、子どものために時間を割き、忍耐強く、子どもといっしょに作業をすることによって、子どもは作業の仕方を学ぶばかりでなく、行動モデルを得ることもでき、また自分とはどういう存在であるのか（identity）

について も学ぶことができます。このような行動モデルが与えられることによって、子どもが社会に適応していく基礎が築かれることになります。家庭の内外のあらゆる状況で、子どもは、ほかの人々と協力できることが必要です。ある目的に向かって力を合わせていく、すなわち協力する楽しさを子どもがどのように学んでいくかというと、まさに両親といっしょにしたさまざまな活動を通してなのです。

初めの数年間に父親といっしょにいろいろな体験をすることによって、子どもは、無理なく母親から分離していくことができます。子どもにとって、自分の意志のままに手を繰って、自分の思いのままに世界とかかわれることが大きな喜びです。この喜びの体験を通して、子どもは自立し、自主性を獲得していき、子どもが母親から上手に分離していくためには、このような体験も必要なのです。

父親は何年にもわたって、その教育的な役割を果たしていくのですが、子どもの誕生直後からその役割を始めることが大事です。なぜなら、人間として成長していくためには、初めの数年間がとくに重要だからです。子どもが調和ある人格として成長していくためには、心身両面の発達が同時に配慮されなければならないことはすでに学びました。父親は、生物学的にも心理学的にも、受精の瞬間から欠かせない存在ですが、その教育的役割は、子どもが成長するにつれて、その発達上の必要に応じて変わっていきます。

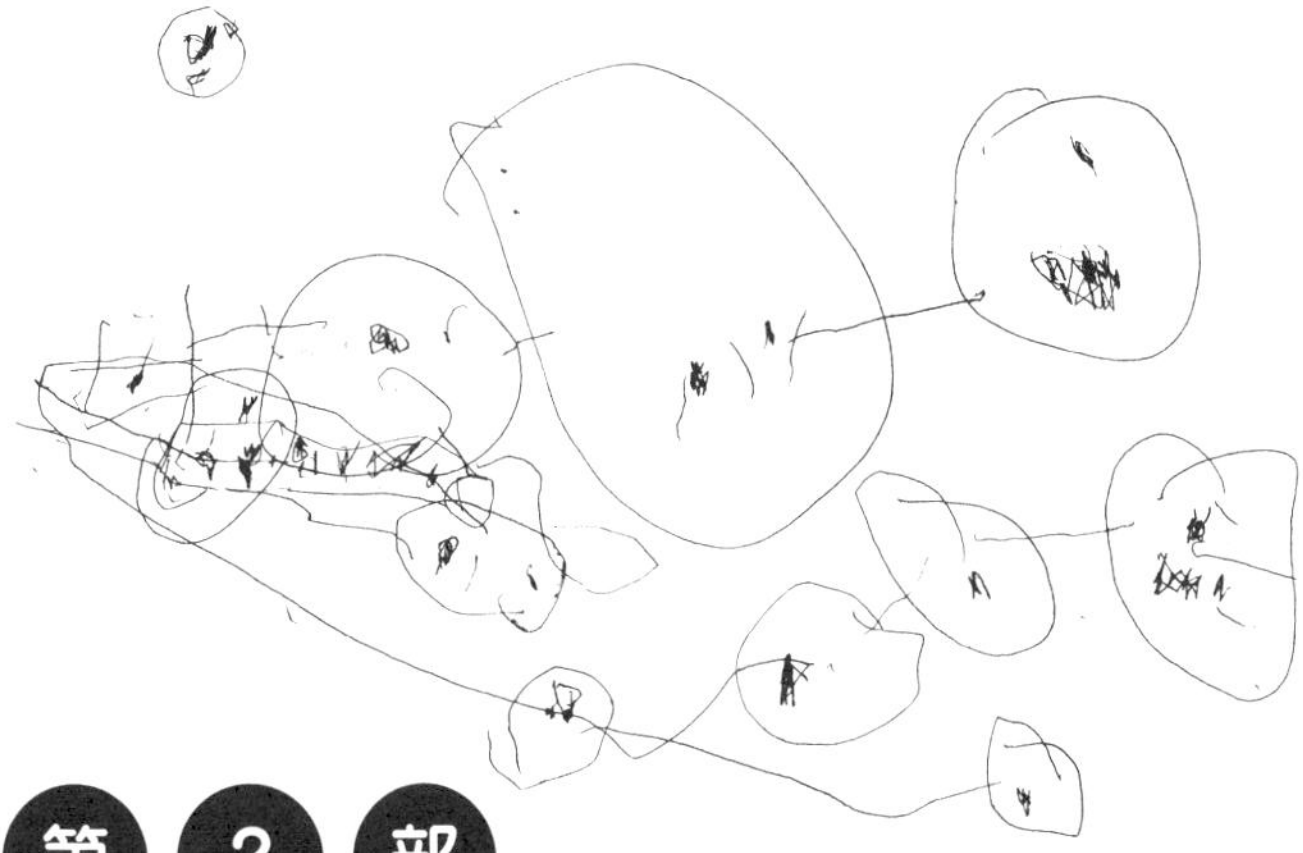

第2部

おとなが子どもに対してすることすべてが「教育」

三つ子の魂百まで（日本の諺より）

第5章 母親が子どもの世話をすることの意味

母親としての世話とは何でしょう？

生まれたばかりの人間の赤ちゃんは、自分のことすら何もできないということは、すでに考えてきました。何もできないという状態は、誕生時ばかりでなく誕生後しばらくの間続きます。誕生したときに、誰かに頼らなければならないのですから、当然世話をしてくれる人が必要です。この世話をしてくれる人が、母親という特別な存在ですが、彼女自身、子どもとかかわるなかで母親になっていきます。ですから、役割を果たすことと人間そのものとは緊密に結びついているわけで、そのことについて考えてみましょう。

母親が食事を与えたり、体温を保てるように適切な衣服を着せたり、おむつを交換して清潔であるようにしたりするのは、子どもが生きながらえるために当然必要なことです。それだけではなくて、まさに世話をしているそのときに、母親は子どもがからだを充分に動かせるように配慮したり、感覚的な経験を与えたりすることの重要性を考慮しなければなりません。

母親が世話をすることのもっとも重要な意味は、そのとりまく世界を子どもに紹介することです。子どもは母親と一緒にいるときを、安心感やからだの触れ合い、食べもの、人々とのかかわりやことばといった、人生で体験するもっとも基本的な事柄についての情報を受け取ることに使います。このようにして、子どもは自分が生まれた世界がどのようなところであるのか、あらゆる側面から理解していくことになります。

母親が世話をしてくれているときに、子どもはからだを動かしたり、いろいろな感覚的な体験をしたりしますが、それは子どもにとって成長する機会となり、また、そうした体験を通して、からだと心がひとつにまとまり、心身の統合がなされます。こうして、自分自身との良い関係をつくることができます。さらには、もっと重要なことですが、安心感と安定感という内的感情を持つことができるようになります。

子どものなかで「発達する人格」を、自我（ego）と呼びます。この自我がいかに強く育っていくかは、自分が必要とすることを満たしてほしいという折々の子どもの思いに、どれだけ応えられるかという世話をする側の能力にかかっています。子どもは自分が何かを必要とするときには、それに応じてもらえるのであり、さらに、母親を自分のそばに呼ぶ力が自分にはあるということに気づいていきます。自分が何かを必要とするときには、それを求め、そしてそれに応じてもらえるのであれば、自分も外界に対して影響を及ぼすことができるのだということを体験します。

母親が世話をするたびに、子どもと外界との関係は常に新たなものになり、自分（ego）と自分ではないもの（non-ego）との識別、子ども自身と外界との区別がきちんとつくようになります。

しかし、たとえすばやく対応し、子どものことをとても大切に思い、よかれと思って対処しても、子どもが必要とすることのほんの一部にしか応えていないという危険性がいつもあります。赤ちゃんや幼児が泣くと、大人は子どもの口のなかに食べものやおしゃぶりを押し込んで、なんとかなだめようとしがちです。このような対応は、子どもが本当は何を必要としているのかについて誤解していたり、目の前にいる「ちっちゃな」人間に対して間違った考え方をしていることが多いのです。たいていの大人は、赤ちゃん（あるいは幼児）というものは、始終口寂しく、食べものにしか興味がないのだと思いこんでいるようです。

新生児の脳はよく発達していて、神経も緻密な動きをしているということをしっかり心にとめておけば、こんなおざなりな対応を避けることができます。胎児期と誕生後の数ヵ月ないし数年間、子どもは特殊な状態にあるということを真剣に考えてみる必要があります。この時期、子どもの心（psyche）の成長は、からだの成長よりもずっと進んでいます。

ですからこの時期の子どもは、自分が心のなかで何を望み、必要としているのかを、大人に理解できることばで話したり、わかりやすい仕草などで伝えることができません。このように、子どもは周囲から理解してもらえず、必要なものも得られないという痛々しい状況にあるため、どうしても母親のきめの細かい手助けを必要としています。子どもの心は力強く働いていますが、からだはそれを表現をすることができません。ですから、子どもが本当のところどのような状況にあるのかを理解して、子どもの身になることができなければ、子どもの欲求不満は耐え難いものになってしまいます。

自分には何もできないという感情が頻繁に起きると、子どもの自我は環境のなかで落ち着くことができず、絶え間ない欲求不満状態に陥ります。たとえ上手に自分を表現できるようになったとしても、この世界で自分に何かできるという感覚を味わうことはないでしょう。人生のあまりに早い時期に、自分はできないのだという体験をしてしまうと、ある種の間違った情報が脳に刷りこまれることになります。そして身体的能力が十分に発達しても、子どもの将来はその情報によって決定づけられていくことになってしまいます。

たとえ子どもが話せるようになり、自分のことは自分でできるようになっても、自分にはできないという劣等感は、依然として残ります。この世界は、助けをまったく期待できない、冷たいところであると認知されてしまいます。

「抱く」ということ―授乳と親密さ―

乳児は自分で動くことができないので、世話をされるときには、母親に抱かれたり、触れられたりすることになります。

「抱く」ということには、単に子どもが自力でからだを支えられないので、誰かがかわりに支えるということ以上の意味合いがあります。母親に抱かれることによって、子どもは母親から受け入れられていると感じ、新しく生まれ出た世界には、安心していられる場所があるのだということを実感します。子どもをきちんと抱くためには、大人は子どもと一体にならなければなりません。すなわち、子どもが何を感じているのか、あたかも自分自身が感じているように汲み取り、それらに応えていくことが大事です。抱くことによって、母子は、妊娠期間中と似たような一体感を味わい、心身ともに人生を分かち合うことができます。

誕生後、とても重要なひとつの抱き方があります。それは、授乳です。母乳を吸うためには、母親に抱かれる必要があります。でなければ、おっぱいを飲むことはできません。母親の腕のなかで、生きるために不可欠な食べものを得るうちに、次第に愛情のこもった関係を感じ取るようになっていきます。授乳を繰り返すなかで、子どもは人々とどのようにかかわったらよいのか、人に対して優しい気持ちを持つということがどのようなことかを身をもって体験し、学んでいきます。実はこのようにして、大人になって恋愛をしたときの、相手への対応の仕方の基本を準備しているともいえるのです！　この対応の基本は肯定的でなければならず、また、子どもが将来相手を大切に思い、尊重し、受け入れていけるように、人間関係についての適切な情報が含まれていなければなりません。相手の領域を侵さないけれど、けれど、密着した関係、自分自身を見失うことのない親密さが求められるのです。

子どもに与えられる情報は、いつも肯定的であるとは限りません。大人になって、人間関係に困難を生じる場合、誕生直後に母親との間でどのようなことを体験したかや幼い頃にどのように母親に抱かれたかなどを考えることが必要なのです。

読者のなかには覚えていらっしゃる方もあるかと思いますが、以前、赤ちゃんが泣いても、身体的な必要が満たされているのなら、甘やかさないために、あまり気にしない方がよいという考え方が提唱されたことがあります。赤ちゃんが泣いている背景には、身体的には満たされていても、たとえば、単に人寂しくて誰かと触れ合っていたいとか、刺激がなくて退屈しているといった心理的な要求があるのかもしれないという考え方は、見当違いなこととして受け入れられませんでした。

新生児は大変活発に機能する心を備えた、とても知的な存在であるという考えは、いまだに受け入れ難いもののようです。大人の勝手な思いこみによって、子どもが本当に求めているほど充分に愛情をかけたり、世話をしたりするまでには至っていません。

今日では、新生児や幼い子どもたちが驚くような能力を持っていることが、以前よりもずっと知られています。しかし、それでもまだ多くの産院で、子どもたちの基本的な要求に充分応えるような配慮はなされていません。そして両親はといえば、子どもとの関係に好ましくない影響を及ぼしてしまうような、誤った対応の仕方を学んでしまう危険にさらされています。

子どもを抱くときはいつも、自分は今、ひとつのかけがいのない人生の始まりをこの腕に抱いており、そのいのちは充分に成長するために、私たちの手助けを待っているのだということを理解しなければなりません。子どもの可能性が花開くかどうかは、私たちの手助けの質にかかっています。その質をよりよいものにしようと思っても、幼い子どもが実はどのような存在であるのかをよく知らなければ、決して達成することができません。子どもを「抱いている」ときには、単に物理的に抱くのではなく、子どもが自分にとって、かけがいのない、大事な存在であり、一緒にいることがとても嬉しいのだという喜びが、子どもに伝わらなければなりません。

赤ちゃんに「触れる」ということ―お世話と社会的なかかわり合い―

授乳のために赤ちゃんを抱いているときと、世話などのために赤ちゃんに「触れている」ときでは、私たちと赤ちゃんとのかかわり方は違っています。

「触れる」ということは、主に手を使っての身体的な接触です。着替えやおむつの交換をしたり、お風呂に入れたりするために、子どもに触れます。世話をする際の身体的接触は、「抱く」という動作ほどには、はっきりと決まった形はとりません。「一緒にいる」というあり方が、抱いているときとは違うのです。母子のかかわり合いには、実はさまざまな形があるのです。

子どもに「触れる」場合は、たいてい母親の目の前に子どもは寝かされますから、このひとときを、母と子が互いを知り合うための機会として利用することができます。私たちが子どもを見つめ、子どももまた私たちをじっと見つめ返します。子どもに微笑みかけたり、話しかけたりすることもできます。ただし、このような働きかけは、子どもの世話をするということが、実は子どもと一緒の時間を過ごすという、自分だけに与えられた特権的なときなのだと感じる場合にのみ可能なことなのです。言い換えるならば、子どもが人間として驚くべき潜在能力を持っているということを、私たちがきちんと認識している場合のみ可能なのです。子どもは、私たちにとって、成長の過程を一緒に歩む相棒なのです！

あまりに多くの両親や大人が、この点を見逃しています。子どもに触れるときは、衣服を着せ替えたり、入浴させたりといった、はっきりと目に見える身体的な事柄を、なるべく短時間ですませようという思いだけでしています。両親は有能で、仕事のできる人たちかもしれませんが、子どもの世話をする時間を、出会いの機会として利用することはできていないようです。このひとときを、出会いとお互いの気持ちを伝え合う場として活用しましょう。世話をすることが、単に面白くもない、日常的な雑事を片付けることであるならば、そこには人間同士のかかわり合いは、あまり見られなくなってしまいます。

毎日しなければならないお決まりのことは、時間をかけず、手早くやってしまおうとするものです。子どもの世話をするときも、私たちは今何をしているのか、子どもがわかるように動作を繰り返すというよりは、とにかく手間を省こうとします。世話をするときに心掛けるべきことは、

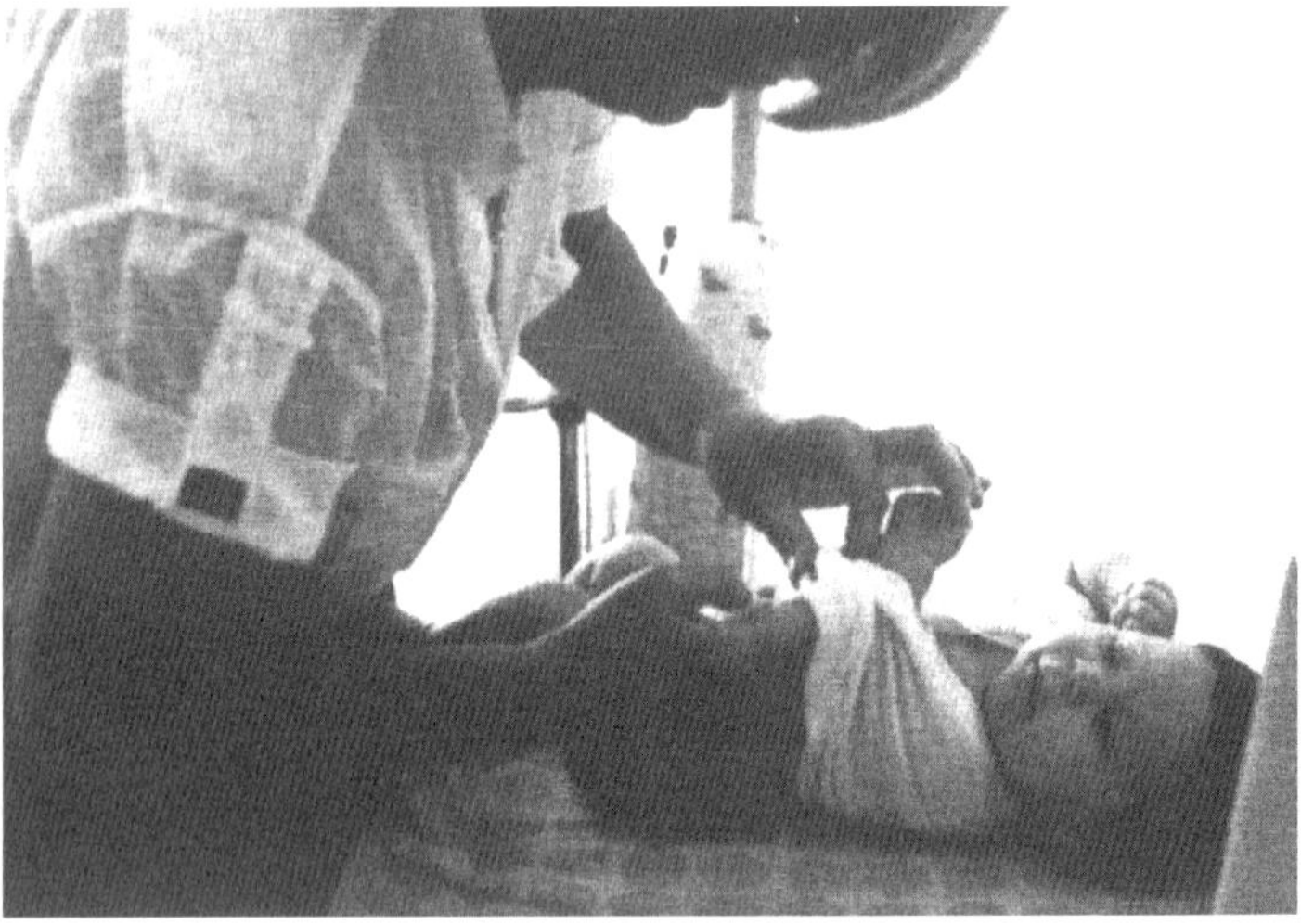

世話をするとは、母親と子どもが協力してすること。

今自分が何をしているのか、子どもにわかりやすく、短いことばで説明し、さらに子どものからだのいろいろな部位に優しく触れ、その部位の名称を声に出して伝え、そして今していることに協力してくれるように語りかけることです。このような母子の共同作業は、誕生の瞬間から始めることができますが、それには時間が必要です。また大人とかかわりたいと心から求めている知性ある人間―子ども―の基本的信頼が必要です。

子どもの協力を得ながら世話をすることができるようになって初めて、「子どもに対して」ではなく、「子どもと一緒に」本当に何かをしていることになります。こうすることによって、子どもは家族のなかに居場所ができてきます。そして、新しく加わった家族の一員として、子どもは他の人たちと一緒にいることが、どんなにすてきなことかに気づいていきます。子どもは大人から、「あなたは私たちとこうして一緒にいます。あなたと一緒にいたり、一緒に何かをするのはとても楽しいことです！」というメッセージを受け取っているわけです。このようにして、世話を受けるひとときが、子どもにとって人とのかかわりを体験する機会になっていきます。

もし誰かを招いて、談笑などして、一緒に時を過ごすことがおもしろくないとすれば、いったい社会生活の意味は何なのでしょう？

大人が子どもにいのちを与えようと決心したとき、ある意味ではそのときに子どもをわが家へ招き入れたといえるわけで、子どもは自分がそこにいることを、大人が喜んでいると感じるに違いありません。世話をするために手で「触れる」ときは、子どもに社会生活がどれほど魅力的であるかを伝えられる、まさに楽しい人間同士のかかわり合いのひとときなのです。私たちが誰かと一緒にいるのは、一緒にいることが嬉しいからです。いろいろなことを一緒にすることが楽しいからなのです。

「こころ」と「からだ」との結びつき

生まれたばかりの赤ちゃんは、自分では何もできないので、母親に世話をしてもらう必要があることをみてきました。さらに「抱か」れたり、「触れ」られたりすることによって、子どもはたくさんの体験をすると同時に、自分がどのような環境にいるのかについて、もっと情報を得ることができます。繰り返しになりますが、子どもは体験を通して情報を得るのです。大人はこの世の中について教え、そこにいる人々が赤ちゃんの存在にどのように反応するかを示していけるのです。

しかしこれとは別に、人間が成長する上で非常に重要なことが、世話をしているときに起きます。それは、私たちの自我のふたつの側面、すなわち、からだと心とがひとつになるということです。

このからだと心の結びつきの第一段階は、「統合」と呼ばれ、普通母子共生期に、子どもを「抱く」ことを通して達成されます。この初期の心身の統合に続いて、「自己意識の発達（personalization）」と呼ばれる、発達上もうひとつの重要な時期が訪れます。

この第二段階は、どちらかというと「触れる」ことに関係していて、からだと心との結びつきを強めます。子どもは、自分の内部で起きていることなのか、それとも外部で起きていることなのか、よく識別できるようになり、身体図式（body-scheme）に対する感覚が、さらに的確で正確なものになってきます。

「自己意識の発達」は、からだの機能に基づいています。からだがさまざまに機能することによって、子どものからだと心は、さらに結合されていきます。子どもは生理的欲求が起きたら、それを人間らしい方法で満たしていくことに、だんだん喜びを見出すようになります。

このことによって、もうひとつ重要なことが導き出されます。本能的な衝動は、肯定的に受け入れられて初めて、良いものであり得るのです。からだが快く機能すれば、心もまた、それを良いものとして体験します。こうした体験が、子どもの知識に付け加えられて、自我（ego）の形成に役立つことになります。

母親に何か世話をしてもらっているときに、心から身体へ伝えられるメッセージが好いものなら、母親のその世話は心地よいものとして感じられ、子どもと外界との間に快い関係ができます。子どものからだが心と調和を保っていれば、両者はもっともっとうまく結びついていくことになります。こうして心身の統合が達成されて、しっかりとした人格の基礎ができあがります。

ここで例として、おなかが空いて、子どもが怒っている場合を考えてみましょう。この怒りは、血糖値が下がることによって、空っぽの胃袋に不快感があるから感じ取られる、ひとつの身体的な欲求の表れです。この欲求が心のなかで処理されて、子どもは目を覚まし、助けを呼び始めます。もし母親の対応が迅速で、すぐに乳房が与えられれば、子どもは空腹を満たすための食べ物を得るばかりでなく、優しい母親が存在していることも実感することでしょう。

このようにして、子どもは、どのようにしたら空腹が満たせるのかを知ると同時に、母親の顔を眺めたり、声を聞いたり、肌のぬくもりを感じたりというようなたくさんの感覚的な刺激を受けるなかで、人間とかかわることの楽しさを知っていきます。感覚的な刺激が心地よいものであれば、その情報は脳で処理されて、知識として蓄積されるという一連のつながりができあがります。

からだのすべての機能は、自我を発達させ、また自我を強化するのに役立つように仕組まれています。「からだ」と「心」は互いに助け合い、両者の結合は次第に強いものとなっていきます。からだが何かを必要とすると、心がからだを使って、その要求を外部に表現し、からだが必要とすることを受け取ります。この一連の流れのなかで、どのようにしたら、自分の要求を外部に対して妥当なやり方で表現できるのかを体験していきます。このように心身両面が使われることによって、両者が生涯にわたって統合されていくことになります。

人間は、内面においても、外界との関係においても、不安なく落ち着いているためには、自分のなかに心身の統合感といったものを感じている必要があります。

それではここで、子どもがおなかを空かせて泣いても、きちんと対応してもらえない場合には、どのようなことが起きるのかを考えてみましょう。

このような場合、子どもは長い間待ち続けます。そしてあまりに辛くて、どうしようもなくなってしまうと、子どもは自分のなかに引きこもって、眠ってしまおうとします。子どもは、自分にとって必要なことを与えてくれない環境のなかでは、自分にできる唯一のことをするものなのです。外界から助けを得たいという思いが拒否されると、再び自分をがっかりさせることがないように、外界と自分との間に一線を画して、自分を押さえこみます。

人間は、からだと心とを分裂させることによってのみ、自分を守ることができます。心は自分の内に引きこもったり、お乳をいっぱい含んだ母親の乳房を夢みたりして、非現実的な、その場限りの満足を得て、すませようとするでしょう。でも、からだがまた食べ物を必要とした途端、子どもは目を覚まし、同じことが繰り返されます。

子どもはがっかりするような体験を何度も重ねていくうちに、環境のあり方や子どもの性質によってその形は分かれますが、外界に対してあまり要求を出さなくなるか、あるいは、激しく要求するようになってしまいます。いずれの場合であっても、これでは心身の統合は得られません。

このような状態におちいると、自我が強くならないか（環境を動かすほどの力が自分にはないと感じるのです）、または安定感を得ることができません（自分が本当に必要とすることが満たされないからです）。その子どもにとって、人生はつらいものとなり、本来なら人間として調和ある発達を遂げるために使われるはずの力が、人生との戦いのために費やされることになります。

からだと心とが分裂する体験が長引くと、「人格喪失」（depersonalization）（離人症）に陥ることもあります。心身の症状として現れるものの多くは、心身の統合がうまくいっていないことに原因があります。皮膚疾患、呼吸器系や消化器系の疾患の多くは、生後数カ月間に起きたことに起因する場合もあるのです。

第6章 子どもとの交わり

はじめに

交流（communication）とは、少し広い意味に解釈するならば、周囲の人やものとかかわりを持つことです。人間は、つねに周囲にあるものや人々と交流していくことができる存在です。

最近の研究によれば、植物でさえ、私たちが考えている以上に外界と多彩な交流や理解を示すことがわかっています。交わるということは、あらゆるレベルの生命活動の本質であり、生きることを可能にする要因であるととらえられるべきでしょう。交流するとは、まさに生きることにほかなりません！

生き物のなかでは、人間がもっとも交流する能力を持っているといえるでしょう。話すとか、読み書きといったいくつかの伝達方法は、人間にだけみられるものです。進化の過程全体を通してみると、いのちは絶えず向上し続け、交流に対する許容力が広がってきました。しかし残念なことに、この領域における能力は、まだほんのわずかしか使われていません。

私たちはつねに交流しています。たとえ外界とのかかわりを断ち切りたいと思っても、それは無理というものです。あまり交わらないということ自体が、実際のところ「私は関係したくありません」ということを周囲に伝えているわけですから。

私たちが存在するということ自体が、周囲に変化を及ぼします。からだのあらゆる部分、すなわち顔の表情や腕、手、脚や足、衣服やことばを用いて行うあらゆることで、自分自身を伝えています。つまり、自分のすべてが、好むと好まざるとにかかわらず、外界と交流しているのです。

このように無意識に発せられるメッセージを受けとり、その意味を理解することができるように、もっと相手の存在そのものに注意を向ける訓練が必要でしょう。意志を伝えあう能力をより上手に使えるようになると、周囲の人との交流もより良くできるようになるでしょう。とくに「話す」という利用頻度の高い伝達手段を習得していない幼い子どもたちには、このような能力が必要です。

外界とかかわらずに生きることは不可能ですから、交流することは、人間にとっての基本的な欲求であるとみなさなければなりません。

今日では、どこへでもすぐにメッセージを送れるようになりましたから、肉体的な能力をはるかに超えた速度や方法で、文字や音声を相手に届けることができます。しかしながら、そうであったとしても、交流するとはいったいどういうことなのかについて、考えを深めていくことが必要です。そうでなければ、単なる音声や記号では、人の心に何も伝えはしないからです。このような交流は、表面的なもので、本当に伝えたいことは何も伝わらずに終わります。

新生児のことばのない交わり

生まれたばかりの赤ちゃんといっても、長い過去を持った存在であるわけで、その間にいろいろな形で交流を試してきています。

受精卵は、受精後数日たって子宮に到達するや否や、この人間が生存するために必要な外界との交流を維持するために特別な組織を形成します。受精卵は、繊毛を子宮壁に向かって伸ばします。繊毛は、母と子がことばを交わせるようにつながれた電話線のようなものと考えることができるでしょう。この器官は1日24時間休みなく働き続け、生きるために必要な酸素や栄養を運ぶという単純なつなぎ目以上の役割を持っています。

妊娠が進むと、この器官はもっと大きくて複雑なものとなり、胎児の成長を助けます。これは、人生のもっとも初めの時期から、いのちという贈り物を支えるために、私たちはつねにもうひとりの人間を必要とし、さまざまな交流をすることによってのみ、生き続けることができるということを暗示しています。

胎児は、外界と活発に交流していて、そのためにすべての感覚器官が使われていることは、すでにお話しました。ですから、新生児といえども、外界とさかんに交流することのできるかなりの能力を持っていることは、容易に理解できるはずです。それなのに、私たちの子どもに対する一般的な反応をみると、妊娠期間中と同じような関係を保つことに、さほど重きを置いてはいないことがわかります。

成長をさまたげる衣服を着せたり、ベビーベッドのような囲いのなかに子どもを入れたり、母親から子どもを引き離したりすることで、新しい環境において人とかかわりあうことが少なくなってしまい、交わりが誕生後も続いていくという喜びを母子双方から奪ってしまうのです。

新生児には、驚くほど外界と交流する能力があることは、今や認められるようになってきました。幼い子どもたちとかかわる大人たちは全員、子どもたちが自由に使うさまざまな伝達方法を、充分に知っておく必要があります。

新生児は、外部から注意を引くためや外界との関係を作るために、また新しい環境のなかで自分の力がどれほどであるのか試してみるために、自分のからだのいろいろな部位を動かします。このような意味合いの仕草として、次のような動作があげられます。

1. 頭部、腕、手、脚や上体を動かす
2. 周囲にいる人やものを見つめる
3. 微笑む

4. 泣く

以上のような伝達方法には、それぞれいろいろな変型がみられます。どの型が使われるかについては、それぞれがおおよそどのような効果を得るかによって、決まってきます。

生き物の基本的な特質である外界との交流は、生後すぐに始まります。外界との間で、何度もやりとりが繰り返されているうちに、その交流は細やかで、複雑なものになっていきます。もし周囲から、ほとんどあるいは全く反応がないとしたら、子どもは外界とのかかわりを奪われた状態になります。その結果、子どもの交流の量は減り、極端な場合には、子どもは自分を、応答してくれない環境そのものから切り離してしまいます。

誕生と、その後の数日間にしなければならないことがたくさんあります。ですから、新生児の世話をする人たちは、子どもが人間としてよりよく成長できるように、交流することの重要性を深く認識していなければなりません。

母と子の間に見られる特別な交流

母子の間でなされる交流は、「特別な」という形容詞を付けるのにふさわしいものです。なぜなら、生まれたばかりの赤ちゃんは、お母さんのことが誰よりも好きだからです！ 母と子は、妊娠期間という長い時間を一緒に過ごしてきて、その間に、お互いのつながりを確認し合う手掛かりが、たくさんできあがっていることを思えば、これは驚くほどのことではありません。

誕生とは、人間にとってひとつの転換期であり、成長するためにより良い条件を与えるものです。もちろん交流という側面を考えてみても、外界に出て、母親と、胎内とはまた違ったより豊かなかかわり方ができるのですから、同様であるといえるでしょう。

赤ちゃんは、周囲にあふれているたくさんの音のなかで、母親の声を聞き分けて、懸命にその声のする方を見ようとします。二人の声が聞こえるときでも、子どもは必ず、母親の声の方に反応を示します。

ゆっくりと柔らかい声で、子どもに話しかけると、すぐに子どもは、話し手の顔をじっと見つめます。その集中ぶりは大変なもので、そして子どもは、ニッコリと微笑み返します。もし、このような体験が繰り返され、さらに昼間、大人とひんぱんに接触する機会があれば、子どもはニコニコとすぐに反応するようになり、長時間ご機嫌良く過ごすようになるでしょう。また子どもは、声は口から発せられていることを知っていて、話しかけてくる人の口の動きに合わせて、自分の口を動かそうとします。

人間の顔は、赤ちゃんにとって特別に意味のあるもので、赤ちゃんは人の顔をじっと見つめます。お乳を飲んでいるときに、お母さんが赤ちゃんの顔を見ているその顔を見ることが、子どもに充分な心理的満足感を与えます。赤ちゃんは、人の顔を眺めることが大好きで、そんなときはたいてい、思わず微笑みがこぼれています。

母子は妊娠期間中からすでに、声を使っての交流をしてきましたが、誕生後には声以外にも、お互いを見たり、触れ合うことによって、その交流をより豊かなものとすることができます。このように、新しく始まった外界での日々には、胎内で経験したのと同じ喜びに、今までに体験したことのない楽しさも加わります。この楽しさは、誕生による環境の激変という困難を乗り越えて、体験する価値のあるものです。

人間の声が、どれほど子どもに落ち着きと安心を与えるものであるかについては、まだ充分には理解されていません。子どもが、たとえどんな理由でむずがっていたとしても、愛情のこもった優しい声で話しかければ、仮にそれが数秒であったとしても、子どもは泣き止みます。

微笑む能力は、誕生時から見られますが、すぐに母親と交流する際の手段となります。母親の顔が見えるや否や、母親に対して微笑みます。このようにして、子どもは人々とかかわることの楽しさを学んでいきます。しかしながら、ここで注意しなければならないことは、成長するにつれて、子どもは、相手によってその反応の仕方を変えるようになるということです。たとえば、初対面の人に対して慎重に観察するので、その人を子どもが受け入れて、微笑むまでには、多少時間がかかります。

母子が互いに目と目を合わせるという交流の仕方は、母親が初めて自分の子どもの顔を見た誕生直後から見られます。

母親は妊娠期間中、幾度となく、「この子はどんな顔をしているのかしら?」と思うものです。

ですから子どもが生まれるとすぐに、母親は子どもを見たがり、そして飽きずに子どもの顔を眺め、話しかけ、触れたりするものです。このような時間が充分に与えられると、子どももよく反応し、目をあけ、母親と目を合わせたりします。視線を互いに合わせることは、それ以後も、母子にとって大事な交流のあり方のひとつとなります。

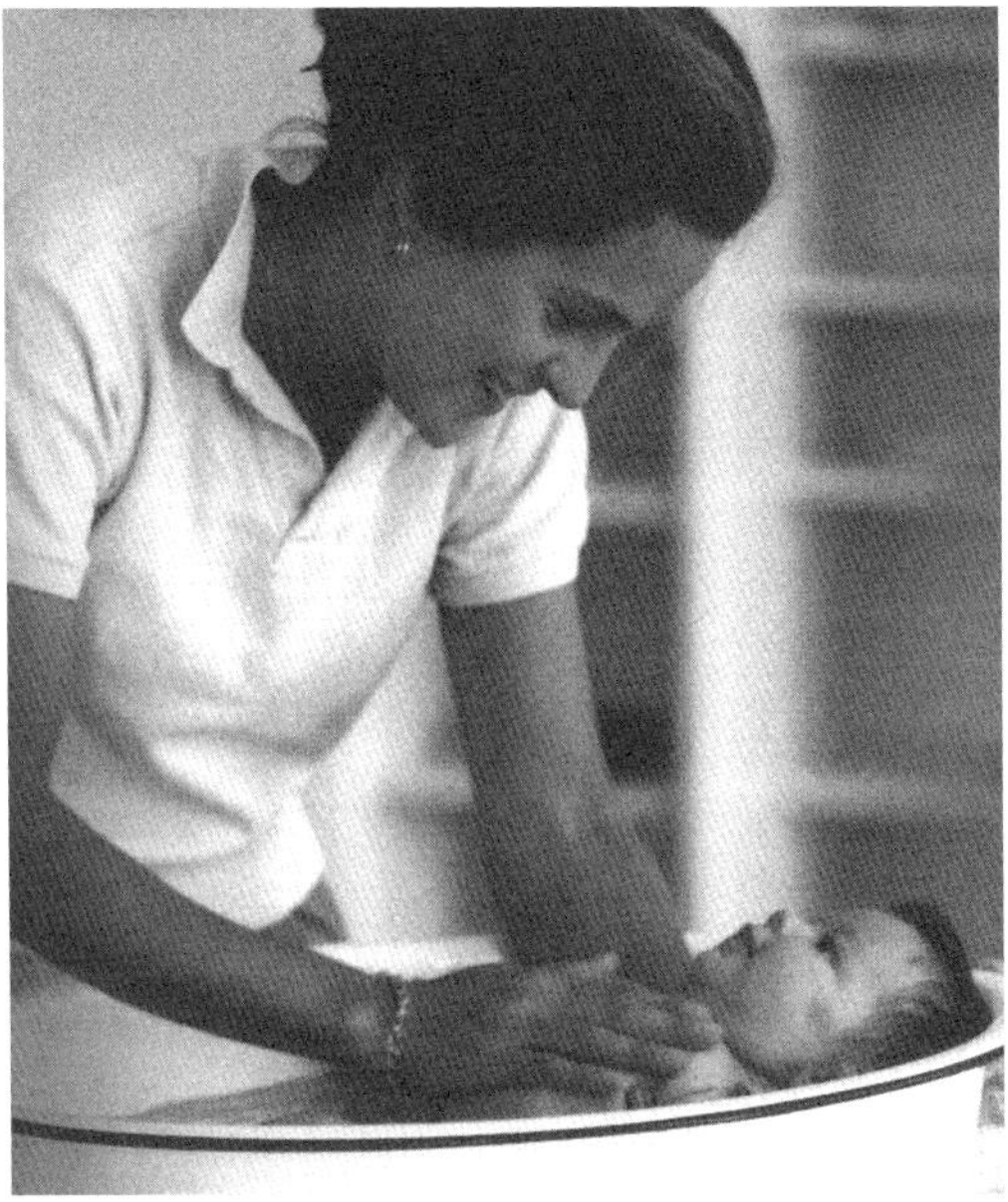
母子の間で交わされる声、視線、微笑みは、それぞれの母子特有の「ことば」となる。

声の使い方や微笑み方、視線のかけ方は、それぞれの母子によって異なります。そして、それらの使い方が、その母子にとっての特別な「ことば」になっていきます。これは、愛し合っている者同士に共通して見られることです。私たちは相手が誰であっても、いつも同じように愛情を表現するわけではありません。それぞれの相手に応じた特有の仕方で、愛情を表現するものです。それはそのふたりにとってのみ真実で意味のある仕草やからだの動き、ことばや言い回しです。ふたりにとって特別な折には、名前の代わりに愛称で相手を呼んだりすることも加わります。

母子の間で、多面的な交流が充分に行き交うことによって、子どもは恐怖心を持つことなく、母子分離という課題を乗り越えていくことができます。多面的な交流を体験することによって、子どもは母親に抱かれていなくても、母親と交流することができるということを学びます。つまり身体的に離れていても、互いを見たり、話しかけたり、微笑んだりすることができるのですから、お互いに触れ合っていなくても、一緒にいることができるのです。

このようにして、離れていても関係が維持できる空間の範囲が広がり、それと同時に、交流する能力も増していきます。子どもは、母親とも周囲の人々とも全く異なったひとりの人格として成長していく一方で、他の人々と交流することの楽しさを体験していきます。

交流を通して得られる知識

子どもをより良く手助けしようと思うならば、交流に関して、次のことを理解していなければなりません。形はどのようなものであれ、あらゆる交流を通じて、子どもは外界や周囲の人々やもの、さらに自分自身について、多くの情報を得ているということです。

繰り返しますが、内的衝動が自分のさまざまな側面を成長させ、また豊富な知識を得るようにと仕組んでいるのです。

興味深いことですが、赤ちゃんや子どもは、食べ物や身体的な世話のみを求めて、外界と交流を図ろうとしているわけではないのです。もちろん、これらは必要なもので、生きるための基本となるものですが、実は、どんな年齢層の子どもにとっても、これらは最大の関心事ではありません。外界とかかわろうと努力するのは、そこに情緒的な反応や感覚的な反応を期待するからです。たとえば赤ちゃんは、すぐに自分の手足を使って、モビールに触れることができるようになります。このようにして、自分が行動を起こすことによって、まさに自分の意図したことが実現できることに気づいていきます。

こうなると子どもは、自分の意図した行動で、外界を思いどおりに動かすことができるという知的な喜びに裏打ちされた、満面の笑顔をひんぱんに見せるようになります。このような、自分の能力を発見するというとても大切な行動が引き起こされるためには、子どもが自由に動けることが保証されていて、大人がその子どもの持つ能力を信じ、そして子どもの発達に見合った教具が与えられていることが条件となります。

しかし、あまりに多くの赤ちゃんや幼い子どもたちに、このような機会が与えられていないのが現実です。子どもたちが何かを求めたり、誰かとかかわろうとすると、大人はおしゃぶりや食べ物を与えたり、一方的にあやしたりして、全く見当はずれな反応を示すことが圧倒的に多いからです。

子どもとのコミュニケーションの機会を見逃さないようにしたいものです。また同時に、子どもが泣いたり、からだを動かしたり、微笑んだり、何かを見つめたりしているときに、きちんと反応を返してあげることで、子どもはたやすくたくさんの知識を得られるということを心にとめておきましょう。子どもは、大人の注意を呼び起こし、大人とかかわり合うために、あらゆる行動を懸命にしているのですから。

第7章 脳の潜在力と吸収する心

驚くべき脳

胎児期がどのような時期であり、人間の発達においていかに重要であるかについてお話したときに、とくに、からだの他の部分に比べて、脳が驚異的に発達することを強調しました。

進化の結果として、脳が非常に大きなものとなっていること、その発達は機能の多様性と質とにおいてみられること、そして誕生する２ヵ月前には、例外的に脳細胞だけが完全な細胞の数をそろえていることについて、すでに述べました。脳は、絶えず情報を受け取り、処理し、そして記憶するという仕事をしています。この脳の働きによって、私たちは外界や自分自身とのつながりを保って、生きることができます。

脳細胞は、約１０００億あります。とても興味深いので、神経細胞（ニューロン）の細部をみてみましょう。他のすべての細胞と同じように、神経細胞もまた、細胞膜、細胞質、そして核からできています。とくに神経細胞には、2種類の突起があります。それらのうち、短くて、互いにからまるように分岐している部分を、樹状突起（dendrites）と呼びます（dendritesとは、ギリシャ語で「木」を表す「dendrom」という語から派生しています）。もうひとつは、長く伸びていて、軸索と呼ばれます。軸索のなかには、脳から足の先まで伸びるものもあります。

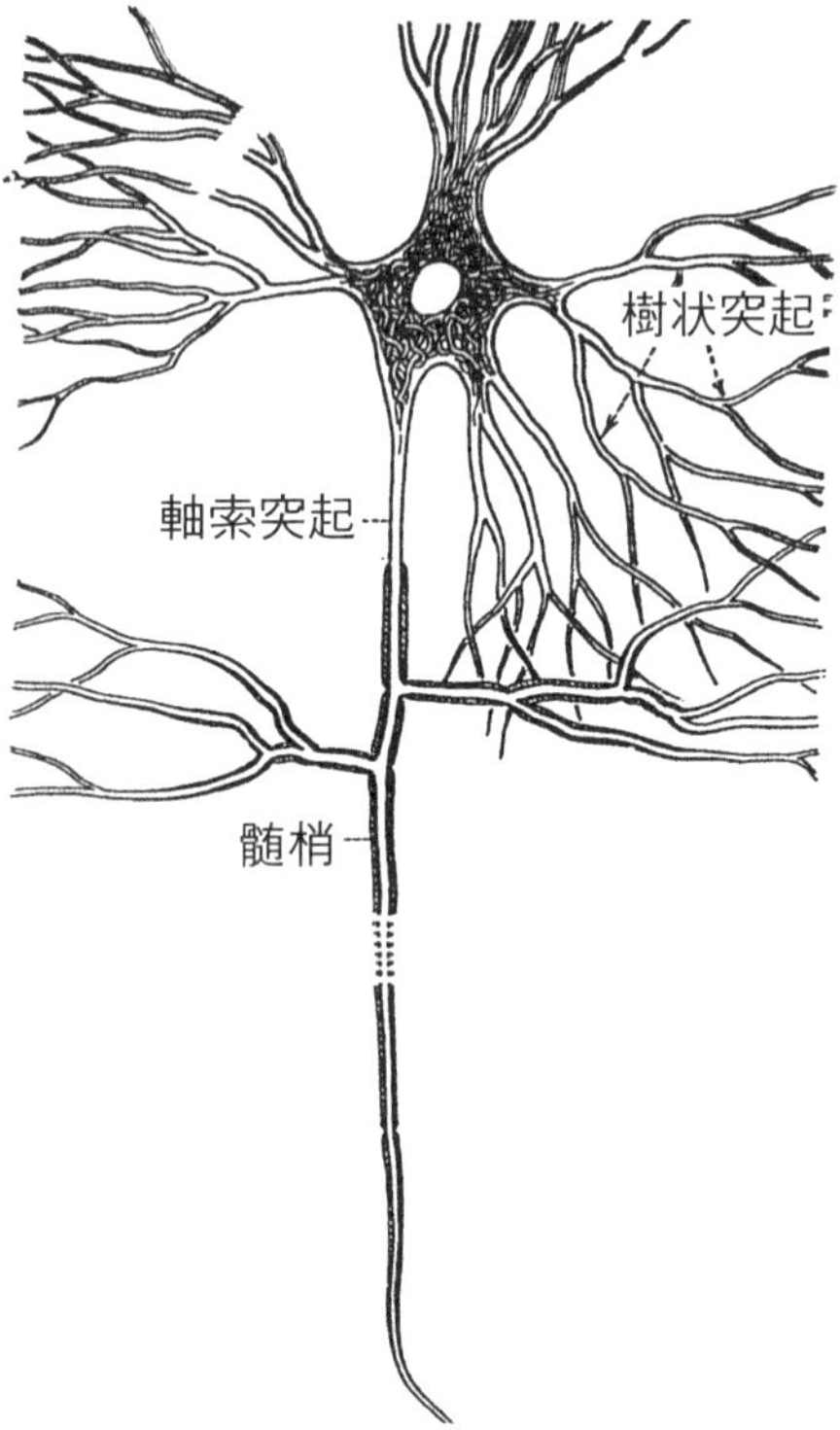

神経繊維

軸索によって、神経細胞とからだのあらゆる部分との情報交換が可能になります。からだのどの部分にも軸索は達していて、末梢から中枢（脳）へ、あるいは中枢から末梢へと情報を届けます。

神経細胞の間でも、樹状突起を通して、互いに情報を交換しています。樹状突起は、他の多くの細胞とつ

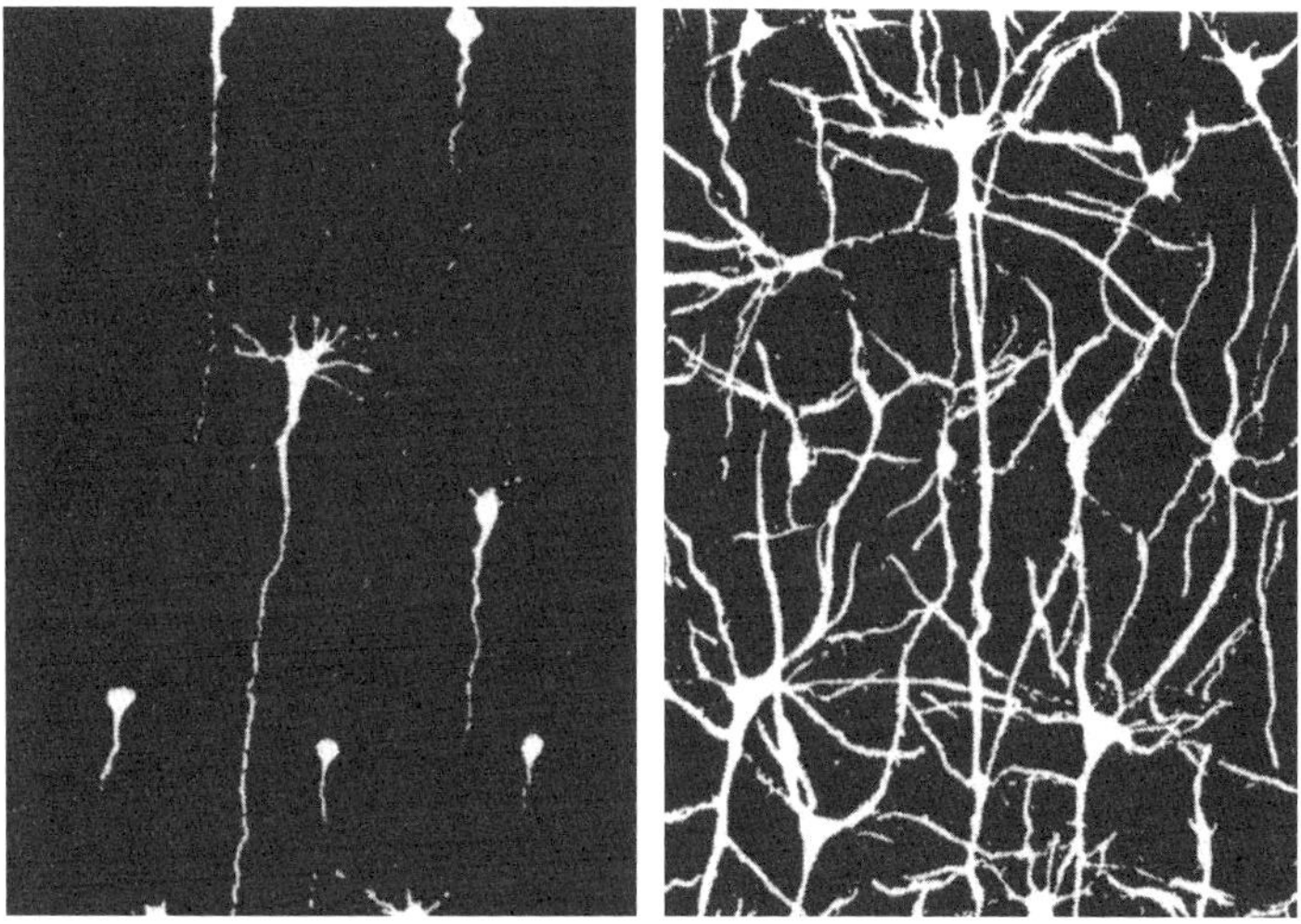

誕生時と生後3カ月における、大脳皮質の樹状突起に見られる量の違い。

ながることで、情報交換網を作り上げていて、それによって、より正確で迅速な仕事ができるわけです。

神経細胞同士のつながりは、驚異的なもので、実際に数字で示すことは不可能です。1000億もの神経細胞の一つひとつが、誕生する前から多くの樹状突起を持っているのですから。また、誕生時と生後3ヵ月の大脳皮質を比べてみると、樹状突起が驚くほど増えていることがわかります。

脳がみごとな働きをするのは、情報が絶えず交換されているからです。重要で複雑な課題はすべて、脳のなかのいろいろな部分で分担して処理されます。それらの部分は、課題が最高にうまく達成されるように、いつも互いに連絡を取り合っています。これはまさに、協力することの重要性を示す、とても良い例でしょう!

すべての細胞は、電気を出して信号を送ります。情報を必要なところに送るためには、電位を変化させます。この過程を推進させるために、細胞自身が作った化学的伝達物質が使われます。

脳のなかに何十億もの神経回路があって、その間を電気が通っているというと、その姿はコンピューターを思い起こさせるかもしれません。しかし、脳のなかのすべての回路をコンピューターに入れようとしたら、大きすぎて、地球上では納まらないことでしょう！

コンピューターは本当にすばらしい機械であって、多くの大切な課題をこなすことができますが、人間の脳のすばらしさに比べたら、それも子どもだましに過ぎません。文明が発展するなかで、人間の頭脳が創り出したもののすべてを、考えてみてごらんなさい。文化も芸術も音楽も科学も、みんなそうなのです。もっと興味深いことは、これらのすべてが、人間の頭脳のたった2〜4パーセントというわずかな部分だけしか使われずに、達成されたということです。もし誕生直後から、科学的な教育を子どもに提供できるとしたら、私たちはどれほどすごい人間になれることでしょうか。もっともっと多くの脳細胞が稼動するようになり、そして、細胞間の連携はより複雑になり、私たちの計り知れない可能性は、もっと開発されるに違いありません。

人間コンピューター

脳をよりよく機能させるためには、生後数年間に、質のよい情報を充分に与えることが大切です。それはとくにこの時期に、脳が非常に細分化された回路を発達させうる能力を持っているからです。

再びコンピューターを例に取って考えてみましょう。生後の最初の数年間に、人間は、その後の人生で使用されるその人特有の基本プログラムを作り上げるといえます。この基本プログラム(コンピューターの本体に相当する部分)は、私たちがしたいと思うすべてを網羅するぐらい広い視野を提供できるように、できる限り正確で豊富なものでなければなりません。

簡単な例をあげるなら、子どもは、2歳までに周囲で話されていることばを話すようになります。その子どもの語彙の豊かさ、発音や文法の正確さは、それまでに子どもが、どのようなことばを実際に聞いてきたかを反映しています。

同様のことが、発達の他の領域にも当てはまります。教育関係者の多くは、いまだに新生児の脳には1000億もの神経細胞があるということに気づいておらず、それらの細胞をただちに稼動させなければならないという緊急な課題に対して、納得してはいないようです。

この開発されるのを待ちあぐねている大いなる財産について熟考してみましょう。現在の教育体系のなかには、改正すべき点、進展させるべき点がたくさんあります。

20世紀の初めに、優れた科学者であったマリア　モンテッソーリは、世界をあっと驚かせました。それは、文盲の両親の子どもたちが、4歳で読み書きができるようになったからです。広い彼女の教室には、たったひとりの教師と厚紙で作られたアルファベット一式があるだけでした。

からだの発育を願って、子どもたちに毎日食事を準備するのと同じように、子どもたちの精神に対しても、それにふさわしい食べ物を毎日用意する必要性と責任とを、私たちは感じているでしょうか。

精神のための栄養は、「正確な情報」と呼べるもので、子どもが自分の精神のための基本的プログラムを作るために使う材料となります。このような食べ物は、良質でなければならず、しかも適切な時期に与えられなければなりません。その時期は、人間の場合、胎児期からすでに始まっていて、生後数カ月から数年間続きます。

樹状突起と軸索とは、すでに妊娠中から解剖学的な連携を始めますが、とくにたいへんな勢いで発達するのは、誕生直後です。この連携が、精神の基本となる構造を作り上げるのです。そして、この基本となる精神回路網のなかで、人生におけるすべての情報が処理されることになります。ですから、環境が異なっていれば、精神の基本的構造も当然異なってくるわけです。

同じ文化的背景を持っていても、家族によって、胎児や新生児に対して与えられる感覚刺激は、かなり異なったものになります。

神経生理学の研究によると、生まれたばかりの赤ちゃんは人間と直接触れ合うことを必要としています。肌の触れ合い、香り、声や音楽を通して得られる基本情報によって、その後の人生で使用される基本的「知覚構造」が作られるからです。

もう一度ここで、胎児期と生後の数年間に起きることが、どれほど重要であるか振り返ってみましょう。

人間にとって、愛情に満ちた世話を受けること、周囲に人がいること、さらに、ほどよい刺激や栄養のある食事が与えられることは、確かに重要なことです。新生児や幼い子どもが、単に行き届いた身体的な世話さえ受けていれば満足であるというような、受け身で、外界に関心など持たない存在であると思いこみ続けて良いものでしょうか。

初めに与えられた材料によって、「神経回路」ができあがり、さらに脳の「基本的な連携構造」が完成します。これらは、今後の精神活動が機能するために使われます。数カ月で、人間のからだに内蔵された「コンピューターの本体」は準備完了です。このコンピューターは、将来行うであろう体験や、それらがどのように処理され、記憶され、想起されるのかも規定します。しかしながら、この基本構造の重要さがはっきりするのは、異なった基本構造を持つ人たちとかかわる必要のあるときです。情報交換をしようとしても、共通の基盤を持っていないために、互いに理解しづらかったり、ときとして全く理解できないこともあります。この状況には、「共鳴（resonance）」という概念を当てはめることができます。共鳴とは、脳の基本構造が同じなので、外界からのメッセージを取り込むことができ、理解できるということを表しています。

この共鳴の作用によって、的確な交流が可能になります。それは、交流と理解とを可能にする、共通のことばを持っているようなものなのです。文化や文明における違いも、煎じ詰めれば、この基本構造の違いにまで行き着くことでしょう。

初めに与えられた情報の違いによって作られた、脳の基本構造の違いによってさまざまに異なった環境が作り出されるということによって、いろいろな異文化や異文明が存在することが、説明できます。ある社会では、歌舞音曲を含む感覚的な刺激が大切にされ、また他のある社会では、別な交流の仕方やかかわり方が好まれたりします。

こういう理由から、私たちの好き嫌いに関することのいくつかは理解できますし、また、人生の初期により多くの刺激を受けて感覚器官を通して体験したことは、よく理解できるし、覚えているものであるということも納得がいきます。

家庭や職場での日々の生活のなかで、相手を理解しなければならないことや、また、新しいことを学習しなければならないことを考えると、交流という問題は、深刻さを増してきます。もし、ふたりの学習過程に関する脳の基本構造が共鳴し合うものならば、どんなに新しい情報でも容易に理解し合うことができるでしょう。基本構造のなかで、言語という感覚回路を発達させてきた人々の間では、ことばを使うときに、よりよく情報が伝達されます。別の人々の間では、描画や触感、あるいは顔の表情を使った方が、よりよく伝わったりします。

高校生になって、化学や物理の授業を受けているとき、ある生徒は黒板に公式が書かれるや否や、すぐにその意味を理解します。別の生徒は、ことばを使って説明する必要があり、またある生徒は、それに関する実験をして、実際に手で触れて、触感を使う必要があります。講義の内容は、生徒全員にとって同じですが、それを理解するために取られる道筋が異なるのです。なぜなら、学習という過程で使用される、脳の基本構造が違うからです。

ですから、生徒の年齢にかかわらず、「マルチメディア教授法」を採用して、生徒の脳がより複雑な回路を形成できるような機会を提供すれば、より良い成果をあげることができるはずです。より多くの感覚回路を利用すれば、生徒はより深く理解することができますし、学習したことを長く記憶に留めておくこともできます。

交流や学習において困難さを感じるときは、たいていの場合、知的に遅れているからではなくて、自分と相手の基本的認知構造の間に、充分な共鳴がないことが原因です。相手を「愚かだ」と決めつけてしまう前に、その人は、人生の初期に自分とは異なった脳の基本構造を発達させたのかもしれないと考え、別の感覚回路を使って、交流を図るように工夫すべきでしょう。

同時にいくつもの感覚回路を発達させるような教育を行えば、子どもたちは、生涯にわたって、外界から多種多様な情報を受け取りうる脳を発達させることになります。

豊かな刺激を受けることによって、私たち人間が、それぞれに実りのある人生を送り、願わくば、同時代を生きる多くの人々とより深く交わり、理解を深め合うことができたらと期待します。

ふたつの脳半球

脳は、「脳半球」と呼ばれる左右ふたつの半球からできています。いちばん外側の層は、「大脳皮質」と呼ばれ、もっとも新しく進化した部分です。

進化の過程で、人間の大脳皮質は、140億個の細胞を抱えるほどに発達しました。全身のバランスに影響を及ぼすほどに頭部が大きくなりすぎないように、頭蓋のなかにきちんと納まるように、渦巻き状に回旋した形になる必要がありました。その結果、大脳皮質は、ひだのように折り込まれることになったのです。

大脳皮質とその下の部分は、とても傷つきやすい組織からできているので、頭蓋という堅い器のなかに収められ、守られています。この器は、前頭骨、頭頂骨、側頭骨、後頭骨とが組み合わされてできています。この頭蓋のなかに、前頭葉、頭頂葉、側頭葉、後頭葉が収められています。

ふたつの脳半球は、何千もの神経繊維によってつながれていて、絶えず連絡を取り合っています。両半球の機能について、この数十年の間に、かなり解明されてきました。調和のとれた動きや感覚器官からの情報を処理する機能は、両半球とも、全く同じように有していますが、言語に関する機能は、ひとつの半球のみが司っています。利き手の動きを司どる脳半球と同じです。

たいていの人の場合、言語中枢が左半球にあって、右手を使って文字を書きます。調和のとれた動きをするための脳からの指示は、交差する神経繊維を伝わって、送られます。左脳から出された指示は、右半身に送られ、右脳からのものは、左半身に伝えられます。なかには、当初から左ききの子どもたちもいますが、その場合には、決して、左手を使わせないように強制してはいけません。将来問題を引き起こさないためにも、先天的な相違は、尊重されるべきでしょう。

読み書きを司っている脳半球は、いわゆる論理的思考にも関係しています。話すためには、「一度にひとつずつ進む」という論理的な順序に従う必要があります。もしことばの順序を変えれば、その意味するところも変わります。数学においても、同様のことがいえます。これらの機能にはすべて、分析的思考が求められます。科学技術の進歩は、人間のこの脳半球の活躍によって、成し遂げられたといえます。しかし、科学技術が、どれほど私たちの生活にとって重要であるといっても、大切なのは、これだけではありません。

もう片方の脳半球は、からだの動きや表情といったことばを使わない言語の領域を司っています。瞬時に多くのデータを処理しなければならない踊りやスポーツをするときの筋肉の動きを司っているのが、こちらの脳です。的確にからだが反応できるように、多くのさまざまな情報が、迅速に収集され、まとめられなければなりません。全体として、このような状況においては、直感的思考が採用されていることがわかります。集められたすべての情報が一度に分析され、判断が下され、そして即座に解答が出されます。こちらの脳半球（通常は右脳）は、ことばの代わりにイメージを使っているので、映像を主に使う言語や音楽を司っています。

両半球は、それぞれに違った分野を専門としていますが、どちらも重要です。このふたつの脳半球が、調和を保つことによって、私たちはより豊かな生活を送ることができます。言語的で、論理的な思考を司る脳半球は、目覚めているときにより多く活動し、非言語的で直感的な思考を司るもうひとつの脳半球は、睡眠時（とくに夢を見ているとき）に使われます。この2つの半球はそれぞれ異なった働き方をするため、２つの異なる型の意識と異なる型の記憶とが生み出されます。

生まれたばかりの赤ちゃんが、両半球の働きの違いをよく見せてくれます。ことばを聞いているときには、左半球が活発に活動し、音楽を聞いているときには、右半球が活動します。

人間は実に、二つの全く異なった存在のしかたからできていることをあらゆる教育者は理解しなければなりません。そうして、等しく大切な両半球に人生の始まりのときから適切な刺激を与えることです。

両半球は、たくみに協力し合い、両者をつなぐ神経繊維を通して、情報を交換しています。直感的な洞察は、論理的な順序に並べられたことばに翻訳されることによって、他の人々に伝えることができるようになりますし、自分自身のなかの意識化にも役立ちます。言語表現もまた、絵画的なイメージに置き換えることができます。そしてそのイメージを上手に表現することができれば、それはことばよりもっと効果的な伝達手段となることができるでしょう。

教育を考えるとき、人間は今まで述べてきたふたつの存在様式からできているという事実を認識することが、とても大切です。人間は「ふたつの精神の型」を持っているということを、真剣に受け止めない限り、新しい教育のあり方を見いだすことはできないでしょう。

人間の精神の偉大な潜在力を花開かせるために、子どもたちが何歳であったとしても、言語的思考と直感的思考とが、バランスよく体験できるように配慮されなければなりません。こうすることによって、単に脳がよりよく機能するようになるばかりでなく、個人の生活も、社会生活も楽しいものとなってくることでしょう。

両脳半球がバランスよく機能するほど、私たちの活動は、より豊かなものとなります。どのような分析も、図を加えることによって、よりわかりやすいものとなるように、両者の機能は全く別のものであると、考えるべきではありません。うまく統合された人は、両半球を使えることでしょうが、与えられた課題によっては、一方の脳の方をより多く使うこともできるでしょう。

西洋における教育のあり方をみてみると、両半球を分けて考える傾向があります。右脳が司っている多くの領域に関しては、あまり重きを置いていません。ですから、幼い頃から、右脳を使うような表現方法はあまり用いないようにと教え込まれるのです。からだを動かしたり、踊ったり、歌ったり、絵を描いたり、あるいは他の芸術的な活動をすることは、あまり大切には考えてきませんでした。

一方東洋では、脳による直感的思考を、大変重視してきました。人間の存在にかかわる問題を論ずるときや現実世界を理解するときに論理的に考えるのは妥当ではないとされています。

子どもたちには、どちらの思考形態の方が優れているというような考えを、直接的にも間接的にも押し付けることなく、両方の脳を使う機会を与えるべきでしょう。

両脳の例にみられるように、私たちがより成長するためには、異質な文化が互いに必要であり、お互いに学び合い、分かち合うことがたくさんあるのだということを、さまざまな文化に属する者たちが認識していることは、将来に明るい希望を与えてくれます。

神経生理学の観点から考えると、両方の脳の思考形態は、それぞれ非常に重要であり、片一方の脳は、人間の半分しか表していないことがよくわかります。いままで私たちは、両方の脳の違いを対立させて考えてきました。しかし、両方の脳の活動に意味があり、両者が私たちにとって有益であることをよく認識したうえで、あらためて教育を考えていかなければなりません。両方の脳が十分に連携して機能するならば、自分自身のことも、周囲の人々のことも、よりよく理解できるようになることでしょう。

吸収する心

脳とは、左右の脳半球がそれぞれに専門領域を司り、とても潜在力に富む驚異的な器官です。この脳は、最初の数年間においては、後の段階とは異なった働き方をします。

この時期、どの学習も独特な方法でなされます。外界からの情報は、とくに努力することもなく、無意識のうちに取り込まれるという形で、受け取られ、処理され、脳細胞のなかに記憶されます。この強力な精神活動は、絶え間なく、母胎のなかにいるときも行われています。これが、「吸収する心」の特徴です。

この吸収する心は、幼い子どももそれぞれに発達するように、環境に早く適応できるようにと、自然が与えてくれた大いなる手助けなのです。

この吸収する心によって、子どもは、周囲で話されている言語を容易に学んでいきます。その言語がどれほど難解であったとしても、子どもは生後一年で理解できるようになり、翌年には、多様な発音を駆使して、句（phrases）を作り、言えるようになってしまいます。直接的には誰も教えていません。言語を耳で聞き続け、吸収し、然るべきところに記憶して必要なときに思い出すという過程をとって基本的に習得されます。わかりやすい言語の習得を例にとりましたが、子どもの心は、ほかにもからだの動きや音楽や歌など、周囲で行われているあらゆる人間の行動に関する情報を吸収しています。

子どものからだはとても小さいのに、膨大な精神活動が生後の数年間に行われているという矛盾した事実に、またもや直面させられます。そのあとになされる学習の状況と比べてみると、ますますもっと驚異的であることに気づきます。

両親や周囲の大人が、幼い子どもにはこのような「吸収する心」という特別なものがそなわっていることに気づけば、これができるだけ使われるように、子どもを手助けしようとすることでしょう。人間についてさまざまな考察ができると思いますが、その人生の始まりの時期についていえば、絶えざる手助けがその発達を支えているのだということを見出すことができます。そこには自然の偉大な知恵が働いていますから、私たち大人に与えられた役割は、発達にとって好ましい環境を準備することによって、「生命を援助する」ことなのではないでしょうか。

人間の精神を構成する要素

教育がより科学的になって、子どもが必要とするあらゆる手助けをすることができたとすれば、子どもたちの人生はもっと質の高いものとなることでしょう。両親や教育者は、まず、人間が真に必要とするものはいったい何であるかについて、明確な考えを持つことが必要です。

これついては、それぞれの文化が、各々異なった答えを持っています。UNESCO（国連教育科学文化機関）では、教育に関する研究結果に基づき、人間がより良い発達を遂げるためには、人間の持つさまざまな側面が育まれる必要があるという点に、注意を喚起しています。人類の進化の過程をたどることによって、人間が本当に自分を表現することができ、幸福であり、自己実現できるような人生を送るために必要な条件とは何であるかを、見出すことができるように思います。

人間には、少なくとも6つの側面があり、それぞれが基本的な欲求を持っています。これらがきちんと発達すれば、人間の持つ潜在力は大きく開発されることでしょう。

1. 働くヒト（Homo faber：homo＝ヒト　faber＝働く）

手というすばらしい道具を使う段階の人間を表します。働くヒトの登場は、新しい時代の幕開けを示しています。人間が頭脳を使い、手を動かすことによって、自分たちが置かれている環境を変えて、文明へと乗り出していきました。

人間の本質であるこの部分は、現代の私たち一人ひとりのなかにも、まだ息づいています。私たちは必要に応じて環境を変えるために、いまだに自分の手を的確に使う必要があるのです。このような手仕事をすることによって、私たちは大きくて深い満足感を得ると同時に、人類が築いてきた文明に立ち返ることができます。

2. 考えるヒト（Homo sapiens：sapiens＝賢い）

生きる上で大切な問題を考えたり、思いをめぐらしたりする段階の人間を指しています。人間である以上、「自分とはいったい誰なのか?」「自分のしていることに、どのような意味があるのか?」「自分は、どこへ行こうとしているのか?」といった問いかけをせずにはいられません。これらは、哲学的な問題です。哲学者（philosopher）とは、そのことば自身が示しているように、知恵を愛する人（sophia＝知恵　philo＝愛する人）であり、人間が生きることの意味を見出そうとし、また人間が生かされている世界について理解しようとしている人たちのことです。

3. 宗教的なヒト（Homo religioses：religioses＝宗教的）

人間は、哲学的な問題について思考し始め、問いかけ始めて、自分たちが住む世界には、ある秩序が存在するということに気づき始めました。私たちが生まれ、生きて、そして私たちが死んだのちも、この世界は続いていくのです。

私たちは、私たちをとりまくものや私たちが生きていくために必要とするものを全部創ったわけではないのに、このように日々生きることができます。というように考えをすすめ、自分は世界や自分自身の創造者ではないということに気づき、宗教的になります。宗教には、さまざまな形がありますが、共通していることは、私たちもその一部である、創造されたこの宇宙を前にして、その神秘を思い、謙虚な心でいることです。

4. 遊ぶヒト（Homo ludens：ludens＝遊ぶ）

生きるために不可欠ではないけれども、人生に彩りと楽しさとを与えるさまざまな活動をする段階の人間を表します。これらの活動のなかには、あらゆる芸術、音楽、舞踊、そして楽しみのためにみんなで集まり何かをすること、などが含まれます。たとえば、踊りのなかでからだを動かすとき、それはそうしなければならないからとか、何か目的があってそうするのではなくて、純粋に楽しいからそうするのです。これは、非常に次元の高いからだの動かし方です。

私たちが遊びについて考えるとき、たいてい、労働と対立させています。しかし、遊びに属する活動をするにも、個人的な努力が必要であり、労働とは目的を異にするものであっても、大切な活動なのです。遊びとは、しなければならないという必要性は全くないもので、個人の自由な選択（他の人々と行う場合には、そのグループ全体の自由な選択）によって、行われるものです。遊びは、人々が集まり、交流の機会にもなり、また人生のあらゆる側面で、喜びを増加させる可能性を持ったものです。

5. 政治に参加するヒト（Homo politicus：politicus＝政治的）

どんな文明においても、ある時点で、政治的自由、すなわち自分の生活にかかわる政治的な決断や選択に参加したいという要求が現れます。私たちは、重要な政治的な決断が下されるときに、自分の意見を聞かれることもない、単に権威者の命令を受け入れるだけの受け身の存在でありたくはありません。人間としての尊厳を守るために、私たちは、今何が起きているのかわかっていて、また、これからどうするのがいちばん良いかを考えて、すべての責任を担って進んでいく必要を強く感じます。

歴史的にみても、多くの人が命を投げ打って、勝ち取ってきた政治的自由は、放棄するわけにはいかない、大きな価値を持っていると考えられましょう。

6. 心を合わせるヒト（Homo concors：con＝共に　cors＝心）

人間は誰でも、共通の本質や基本的な欲求を持っていることに気づくことによって、人々を分けてしまうような障害を、すべて取り除こうとする段階の人間です。このような段階のヒトは、あらゆる人間がそれぞれの形で人類に貢献しているので、互いに平和に仲良く人生に参加し合い、分かち合うことによって、私たちすべてが、さらに向上できると考えています。このような認識を持つということは、私たちがこの地球上で、ひとつの同じいのちを有していて、それゆえ私たちすべてが同等に、環境に対して心を配り、向上させていく責任があると考え、人間はひとつにならなければならないという必要性を感じていることを示唆しています。

第二次世界大戦の直後に、国際連盟の創立が決定されたときに、人類としてひとつになろうとする地球規模の願いが、具体的に社会的検討事項となりました。戦争の恐怖と、あまりに多くの国で人命が落とされ、家庭が失われたという、生々しい思い出が、新しい時代の幕開けへの引き金となったのです。困難があれば、暴力によってではなく、頭を使って考え、事態を理解し、互いを尊重することができるという、人間の能力を駆使して、解決しようとする時代が始まりました。

私たちは、完全にはこの目標を達成してはいませんが、発達上このレベルに達した人々によって、あらゆるところで、多くの努力がなされています。ですから、私たちは、子どもたちのためによりよい未来を作りたいという希望が、実現可能なものであると考えることができるのです。

マリア　モンテッソーリは、１９３６年に「世界市民」というテーマで語り、１９３７年には「子どもの党」の創立を提案しました。世界を視野に入れたこの取り組みは、人間の最上の部分である子どもの教育のために協力していくことで、人類をひとつにまとめていくことをめざしていました。「世界市民」は、「心を合わせるヒト」の最終段階です。しかしながら、今までのところ実現しているのは、12ヵ国（訳者注　１９９５年より15ヵ国に増えた）の人が同じパスポートを持つというヨーロッパ共同体だけです。

これら6つの人間の基本的な欲求は、人類の進化と成長とに従って、ひとつひとつ歴史のなかに現れてきました。ひとつずつ新しく加わった6つの欲求の歴史は、私たち一人ひとりのなかに再現されます。それぞれの人間が成長発達していくためには、複雑に絡み合ったこれらの欲求すべてを良いものととらえ、応援していくことが大切です。人間全体として潜在的に持つ可能性を、本当に実現していくためには、一人ひとりが満足していることが大切です。

心身両面の健康を保つためには、これらの側面における調和とバランスが必要です。私たちは、自分の手を上手に使って何かをしたり、精神をいつも鋭敏に保って、思慮深く、人生の神秘に対して宗教的な側面から考えてみたり、余暇を楽しく自由に過ごしたり、政治的な力を行使したり、また誰とでも仲良く調和を保つ必要があるのです。

人類全体の進化と個人の発達とを、対比させて考えてみることができます。個人史を書き出し、それぞれの側面が発達しているかどうか、またそれらがどの程度、生活のなかで実現されているかを調べることによって、比べてみることができます。

もし、成長の、ある段階を飛ばしているとしたら、それに気づくことが大事です。そのままにしておくと、人間としての完全な自己実現や人格の統合がおぼつかなくなるからです。このような状況は、いろいろな意味で、ある段階を飛ばしてしまうと、身体のある部分が発達しなくなってしまう胎芽期に似ています。胎芽期に戻ることはできませんが（四肢が発達しなかった場合にできることは、義足や義手を取り付けてあげることだけです）、心理的な発達は取り戻すことは、いつでも可能です。

心を司る法則は、からだの法則とはまったく違ったものです。自分の人生を調和あるものにするのに遅すぎるということはありません。周囲からの助けを得て、何歳になっても、完全な自己実現に向かって進んでいくことができます。

それぞれの人間のなかには、違った機会に、違った方法で自分自身を表現できる、いろいろな部分があると考えてみるのは、なかなかおもしろいことです。統合された人間というのは、その人の持つ多くの側面が、それぞれにきちんと発達しているばかりでなく、協力し合って、ひとつにまとまっているということです。

良い社会生活の第一歩は、それぞれの人間の内側から始まります。もし精神的にうまく統合されていなくて、さまざまな側面が葛藤状態にあったり、どこかが無視されているとしたら、その人自身の人生も、家族や社会の状況も困難なものとなるからです。

外界は、個人の内的世界が映し出されている鏡です。そのなかに見えるたくさんの矛盾は、それぞれの人間が調和のとれた、統合された存在になれるような新しい形の教育を始めない限り、解決されることはないでしょう。そのときになって初めて、成長にふさわしい環境を人間に提供できるように、あらゆるレベルでの社会生活が改善されることでしょう。

これは容易な課題ではありません。しかし、私たちがより良い人生を送り、自分たちの内側に秘められた大いなる財産を開花させるように、子どもたちと自分自身とを助けたいと願うならば、達成されなければならないのです。

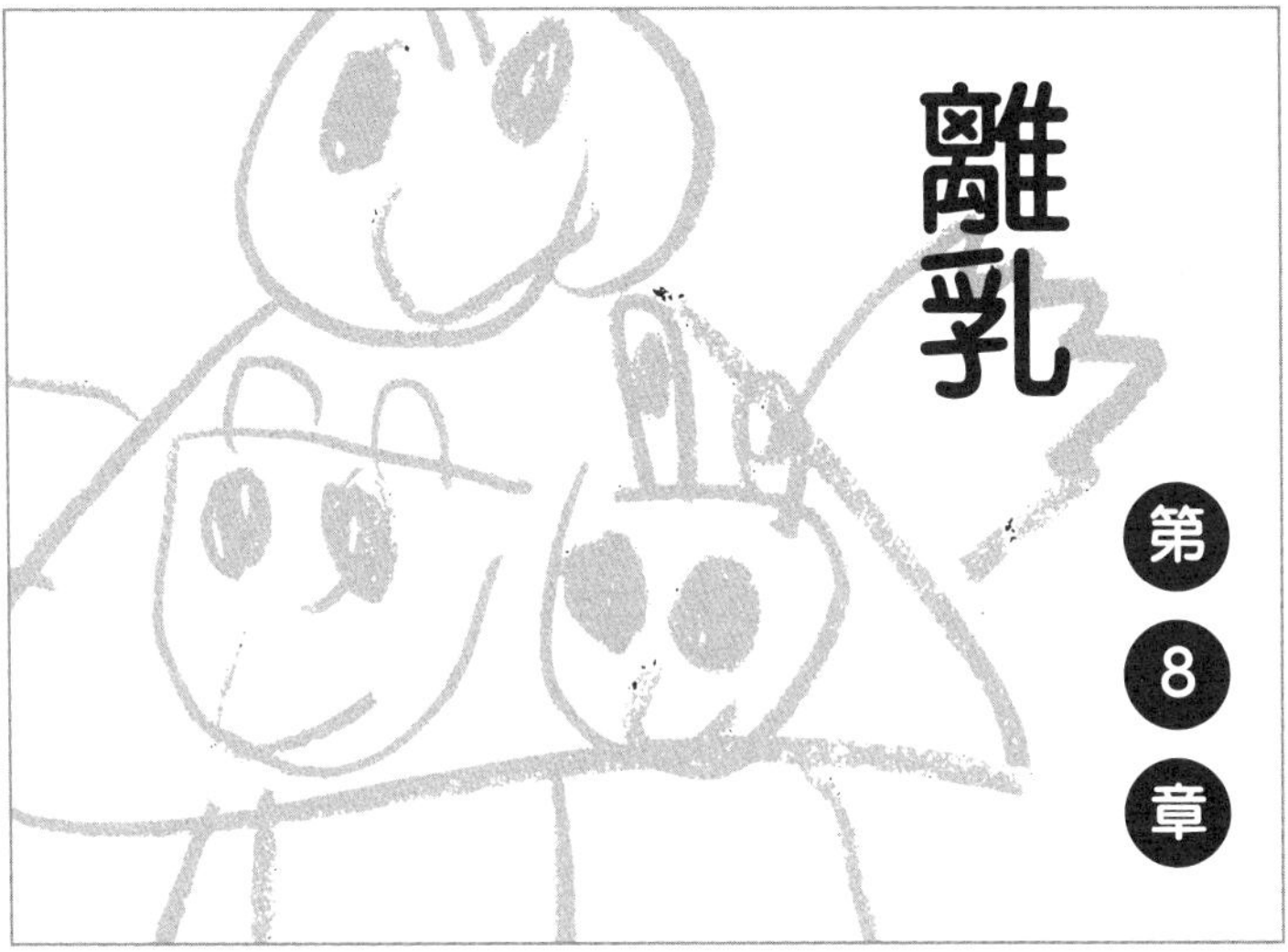

第8章 離乳

食べ物と自立への関係

自立への道のりは、生物学的側面と心理的側面の両方で進んでいきます。このとき、一方が他方を助けるので、この両面を別々にして考えてはなりません。この自立の道において離乳は大切な段階です。すべてに適した時というものがあります。教育の各段階において適した時に適したことをすれば子どもの発達をより良く導くことができます。

子どもは、生後の一年間に大変な勢いで成長するので、5ヵ月ともなると、母乳だけでは不十分になります。母乳は、誕生直後の赤ちゃんにとっては、大変に貴重なものですが、すぐに固形物によって補われる必要がでてきます。生後5ヵ月になると、「離乳の敏感期」を迎えたという、以下のような非常にはっきりとした兆候が見られます。

1. 妊娠期間中に蓄積していた鉄分が、なくなり始める。
2. プチアリンという、デンプンを消化する酵素が唾液のなかに見られるようになる。
3. 乳歯がはえ始める。
4. 子どもは這うことができるようになり、身近なところを動くことができるようになる。
5. 子どもは、手の動きを上手にコントロールできるようになり、手で食べ物をつかみ、自分のペースで食べられるようになる。
6. 子どもは、少し支えがあれば座ることができるようになる。
7. 子どもは、外界に対して強い関心を示すようになり、いろいろな種類の食べ物にも、関心を向けるようになる。

以上のような今までに見られなかった兆候が現れたとき、子どものなかに大きな変化が見られます。固形物が食べられるようになったということは、自立をさらに進める準備が整ったということの現れでもあります。ここで見られる自立は、一面においては生物学的なもので、子どものために食べ物を生産するという母親の役割は、もう必要としないということを表しています。それと同時に、母乳ではない新しい食べ物を、今までとは異なる方法で摂取できるようになるのですから、心理的な自立という側面も見られるわけです。吸うという形態から噛むという形態へと移行しようとしているのです。

口は、今までとは異なった使われ方をします。介助がいつも必要ではなくなり、食べ物が変わっただけではなく、介助する大人との位置関係が変わります。この段階で、母乳以外のものを食べるときには、子どもは母親の正面に座るようにすべきでしょう。今までとは違った質のものを食べ、母親との位置関係も変わったということは、子どもの発達が新しい局面を迎えていることを、はっきりと示しています。子どもは成長したのです。

環境と新しい関係を築く

子どもが新たに獲得したこれらの能力について、よく考えてみることが大切です。生物学的にも心理面においても、子どもは新しい能力を獲得しています。生物学的にみると、以前よりずっと複雑な食べ物を消化できるようになったわけで（消化酵素プチアリンが作られ、そして乳歯がはえ始めたということは、消化器官が発達したことを示しています）、子どもの環境とのかかわり方が新たな段階に達したと考えられます。子どもの環境とのかかわり方が変化し、新たなものになったというまさにこの事実が、離乳期をとても重要なものにします。

新生児の頃は、母親の肌にぴったりくっついて、母乳をもらわなければならないので、子どもは母親の腕に抱かれて、母親と非常に近く、親密な状態にいなければなりませんでした。しかし、今は自分の正面にいる人から、食べ物を受け取るのです。食事の際には、子どもと介助者とは、向かい合って座っていなければなりません。ですから、この時点になると、子どものサイズに合ったテーブルと椅子とが、子どもの発達を助ける大事な道具なのです。

食事をするときには、子どもが自分はこれから何を食べるのかはっきりわかるように、食べ物はテーブルの上に置かれるべきでしょう。食べ物がどこから来るのか、子どもがきちんと見る必要がありますし、介助の際には、子どものサイズに合ったスプーンを使用します。スプーンに少量の食べ物をのせて、子どもの口のところまで持っていきます。そして、子どもが自発的に口を開いたときにのみ、食べ物を口のなかに入れます。この点は、介助するときに、注意しなければならないことです。口という入り口は、自分が管理していて、自分の許可なしに、ここを通って自分のからだに入り込めるものは何もないと、子どもがつねに感じていなければならないからです。食事どき、

離乳食で使われるテーブルと椅子。

介助者は子どもに無理強いしがちです。それは、大人がなるべく早く、子どもに食べさせてしまおうとするからです。私たち大人は、このことが子どもたちに重大な影響を与えているということを忘れがちです。食べ物は、生涯を通して、いつも私たちに楽しみをもたらしてくれるものなのですから、食事どきには、子どもに無理強いをすることは、一切ないように気をつけなければなりません！

子どもに食事の介助をするとき、テーブルをはさむことによってできる母親と子どもとの間のわずかな空間は、母子の間に、心理的にも空間ができたことを具体的に表しています。これは、良い意味での「分離」の始まりであり、こうすることによって、子どもの心のなかに自主性と自立とが育っていく手助けをすることができます。離乳が始まるまでに、子どもが、自分の手でパン（あるいは何かほかの適当な食べ物）を握って、自分で食べるという経験をすでにしていることが望ましいです。

離乳は、子どもの人生における大きな転換期のひとつです。誕生後、授乳がうまく行われると良い意味で母子の一体感が生まれて、新生児が胎内から外界へと移る助けとなります。一方、もう少し後になって、これまた、食事の介助が分離と自立へ向かう子どもの自然な助けとなるのです。繰り返しますが、日々行っているささやかなことが、子どもを自立へと誘う力強い手助けとなり、心身ともに大きな成果を子どもにもたらすのです。

しかしながら残念なことに、実際には子どもが生後5、6ヵ月になって食事に新たな食べ物が加わっても、食べ物の与え方は従来のままで、変えないことがほとんどなのです。食べ物を哺乳瓶に入れて与え、子どもは相変わらず吸い続けることになり、新たな方法で口を動かす機会を逃してしまいます。それでは、子どもは噛むとはどういうことかを体験し、噛んでいる間、歯ざわりや新しい味についてのあらゆる感覚的な情報を得ながら、口のなかに食べ物を留めておくということがどんなことかを経験することができません。

このような哺乳瓶の使い方をすると、子どもが自然に持っている、周囲の食べ物に対する関心を損なってしまいます。「離乳の敏感期」は見過ごされてしまい、後になって、子どもに哺乳瓶をやめさせて、本来の人間らしい食べ方に変えていこうと大人が思ったときに初めて、多くの問題が表面化してくることになります。しかしこの時点になってからでは、多くの子どもたちがこの変化（然るべきときにしてしまえば、とても簡単に対応できてしまう変化）に対して抵抗を示して、いつまでも哺乳瓶にしがみつくことになってしまうのです。

この分野における私の長い経験を振り返ってみますと、6歳になるまでほとんどすべての食べ物を哺乳瓶からとっている子どもを何人か見たことがありますし、哺乳瓶からスパゲッティを食べている7歳の子どもを目撃したことすらあるのです！

さらに懸念されることは、自分がどんどん成長しているのだという事実を、子ども自身が自然に認識するという、心理的に貴重な機会が失われてしまうことです。食べることに関する新たな自分の能力を体験しないで終わってしまうことによって、母親や外界との間に新しい関係を築く可能性を、子どもから奪ってしまうことにつながります。

食卓につくことによって、子どもの自我に変化が引き起こされ、さらに、生涯にわたって繰り返される人間関係が始まります。互いに向かい合い、人間として尊重し合うことが、人間同士の関係として望ましいことなのです。子どもは今や、母親とは別の人格として、自分なりに外界と関係を築くことができる存在です。子どもは食べ物を媒介として、母親から分離し始め、大切な内面的自立の過程をたどり、人格の独自性をつくり上げていきます。母乳とは違った食べ物を、母乳とは違った方法で食べるということは、母子分離や自立、自我の発達と密接に関連しているわけです。

子どもは、母親のからだで作られたものではなく、大人と同じものを食べるようになります。これが毎日繰り返されることによって、子どもは自分が成長していて、周囲の人々と同じように暮らしていけることを理解していきます。

食習慣が変わるこの時期を、対人関係をも変えるための機会として利用しないでいたら、教育の機会を失うと同時に、子どもの自立への道を妨害することにもなります。言い換えるなら、子どもの将来が、心身ともに困難なものとなるように、着々と準備していることになるのです。

両親は、子どもが5、6ヵ月になったら、以前とは違った存在であり、からだは小さくても、かなり発達が進んでいることを理解しなければなりません。

離乳の始まりは、お祝いをしても良いほどで、両親は子どもの成長がいかに早いものであるかを、つくづくと感じることでしょう。誕生日を祝うことで単に時間的経過を記念するよりも、人間として成長していく基本的な段階のひとつひとつに重点を置いて祝った方がいいのかもしれません。

離乳への準備

離乳という大事な時期は、「たっぷりと時間をかけて準備」さえすれば、順調に始まり、目新しい食べ物も容易に子どもに受け入れられるはずです。長年にわたる経験によると、あらかじめ子どもが、ある程度母乳以外の食べ物に対する体験をしていれば、離乳の過程は、自然のこととして進んでいくものであることがわかります。

子どもは生後3ヵ月の初めともなれば、母子共生期の新生児とは全く違っていて、近くにあるものを眺めたり、周囲で起きていることに関心を示すようになります。子どものなかにこのような変化が起きたら、味覚に関する新しい体験を提供することができます。まず、季節の果物の果汁を小匙1、2杯ほど、与えてみることをお勧めします。子どもが目覚めていて、穏やかで、周囲に関心を示しているとき、ミルクを与える1時間ほど前に、カクテルのように与えます。子どもの口は小さいですから、スプーンも口に合った小さいものを使います。大きすぎると、子どもにとって不快で、暴力的な感じすらするでしょう。スプーンを子どもの口元にまで持っていき、子どもが口を開けたり、舌を見せるなりしたら、果汁をほんの数滴与えてみます。

初めて果汁を与えるとき、子どもはちょっと顔をしかめるかもしれませんが、たいてい試すのを嫌がるようなことはありません。何日か試すと、子どもはスプーンがわかるようになって、すぐに口を開けるようになります。もっと果汁を欲しがることもあって、もうないことがわかるとがっかりしたりします。このようになったら、一日に2回与えてみるとよいでしょう。

このように果汁を与えることによって、母乳やミルクの甘みとは全く違った味を提供しているとともに、今までとは異なった食べ方をも紹介しているのです。スプーンを初めて用いる場合には、母乳を吸うときに乳首（あるいはゴム製の乳首）が当たる口先に触れるようにします。こうすることによって、子どもは果汁を母乳とは違ったやり方で飲む体験をします。すなわち、口のなかにためて、好きなだけ味わって、満足がいったら飲みこむのです。

ビタミンやカロリーのことを考えて、この果汁を与えているわけではありません。これは単に、母乳以外の食べ物に関する感覚的な情報を与えているにすぎません。

果汁を飲むようになっても、もちろん子どもは引き続き、今まで通りの時間で母乳も飲んでいます。

4ヵ月頃になったら（この頃には、一日に2回小匙3、4杯の果汁を飲んでいます）、少しずつ別な食べ物を体験させてあげましょう。たとえば、外側の固めの部分を取り除いた、2、3日たったパンを与えてみることができます。パンは、子どもが持ちやすくて、口の大きさに合うように切ります。そして、子どもが食べたいときに口まで持っていって、自分で食べる喜びを堪能できるように、母乳を飲んだすぐ後に与えます。パンはそのままでも、味付けのために何か（オリーブ油やトマトジュースなど）を塗ってもかまいません。このような方法でパンを与えることは、子どもの心身両面にとって、大事なことです。

身体的な面からいえば、このパンは、液状でない食べ物に慣れるのに役立ちます。この体験は、適切な時期にすることが必要です。そうでないと、子どもは8、9ヵ月になっても、どんなに小さくても固形物を食べたがらず、結局両親は、どんなものでもドロドロの液状にせざるを得なくなってしまうのです。生後4、5ヵ月は、まさに「離乳の敏感期」といえそうです。

心理的な側面からみたパンの効用は、自分で食べることができるという、初めての体験を与えてくれるということです。自分の手で食べ物を操って、好むままに食べたいときに口まで運んでいくという初めての体験なのです。誰からも食べさせられているわけではないのです。パンそのものよりも、自分でできるという体験こそが、ずっと重要なことです。子どもが自分で何かをすることができるという体験は、子どもの自我を強め、子どもの環境との関係を変えていきます。

長年に及ぶ観察の結果からいえることは、この時期に離乳を始めた子どもは、食卓につくことに対して何ら問題が起きず、次第にいろいろな食べ物を受け入れるようになっていきます。

まだ、4ヵ月であっても、ミルクを飲み終えた後で、子どもが関心を示して協力的であるときに限り、ほぐした魚を小匙1、2杯（塩少々、レモン汁とオリーブ油とで味をつけるとおいしいペーストになります）与えることもできます。

そのまま飲める果汁とは違って、これらの食べ物をほんのわずかでも与えるときには、手を加える必要があります。授乳が終わった後にこれらの食べ物を与えるので、子どもは落ち着いて食べることができます。ある日は魚、またあるときはレバー（ギザギザのナイフでレバーをこそぎ取り、皿にのせて、沸騰する湯の上で蒸します）など。こんなときにも、塩少々、オリーブ油で味付けすることもできます。大人もレバーや魚を同じように食べることができるので、子ども用に何か特別なものを調理するのではなく、むしろ、まわりの人と食べ物を分かち合うということなのです。このようにして、5ヵ月まで離乳の準備を続けます。5ヵ月というのは、子どもが体内に蓄積していた鉄分を使い切るときで、一般に離乳の開始が考えられる時期です。しかし、子どもの成長と発達の具合によっては、離乳の開始をもうしばらく見合わせた方がよい場合もあるかもしれません。その場合には、ミネラルを多く含んだ野菜スープを与えるとよいでしょう。このような野菜スープは簡単に作れますし、家族の誰でも飲むことができます。人参、ジャガイモ、ズッキーニ、他の緑黄野菜（初めのうちは、ホウレン草やタマネギのような酸味や苦味のあるものは避けます）を、塩を入れないで茹でます。野菜に含まれているミネラルすべてが、野菜スープのなかに溶け出なければなりません。このスープが唯一今、子どもに与えられるものだからです。のちには、子どもの食事にも塩を入れられるようになります。三日分に相当する野菜スープを一度に作って、冷蔵庫に保存しておくこともできます。家族の他のメンバーは、スープを作るときに使った野菜を食べることもできます。

この野菜スープに、セモリナを少々あるいは重湯（またはそれに似たもの）を混ぜることもできます。野菜スープ140グラムに対して、小匙1杯ほどのセモリナを加えると、スープにちょうど良いとろみがつきます。こうすることによって、子どもが液状のミルクから、完全に固体でもなくミルクほど液状ではないものへと移行するのに役立ちます。スープの味付けには、塩ばかりでなく、ヒマワリ油やパルメザンチーズを少し加えることもできます。しかし、何よりも大切なことは、食事のときに子どもがテーブルの前に座っていることです。

離乳の準備の際の目的は、食べ物に関する子どもの体験の幅を広げることでした。しかしこの段階では、食べ物の中味を変えるばかりではなく、食べることを通して、子どもの環境とのかかわり方を変えていきたいのです。自分は成長して、以前とは違った存在であるということを、子ども自身が実感する機会を与えたいのです。そのためには、クッションを背中に当てたりして、子どもがしっかりと心地よく座れるような場所を確保することが大事です。誰でも居心地のよくない状態で、食事を心から楽しむことはできないのですから。

離乳食は、子どもの目の前に座り、穏やかに与えられるべきものです。さらに覚えておきたいことは、たとえ大人と子どもの食べ物や食べ方が違っていても、私たちは子どもと一緒に、もっとも人間らしい、そして楽しい人とのかかわりの時を過ごしているのだということです。

（子どもが食卓についているとき、）私たちは目の前に、もっとも大切なお客様をテーブルに迎えているのです。その子どもは、私たちが胎内に宿し、人とのかかわり合いのなかで自立へと向かうように、私たちが手助けしている人です。新しい食べ物をどのように差し出すかが、とても大事です。スープはスープ皿に盛り、子どもに合った大きさのコップと水を入れた水さしともども、スプーンを食卓の上に置くようにします。水を注ぐときには、この目新しいことがどういうことなのか、子どもが理解できるように、子どもの目の前でゆっくり注いであげることが大切です。

もしスープを哺乳瓶（または吸えるようになっている容器）に入れてしまったら、ただ食べ物の内容だけを変えたのであって、離乳の心理的な意味は全く失われてしまうことになります。噛む代わりに、子どもにいつまでも吸うことばかりさせていると、口蓋の発達と歯の成育や生える位置に支障を来たしさえします。心理的な側面を損なうと、身体的にもその影響が現れますし、またその逆も起こります。

初めて食事としてスープが与えられるときには、これだけ食べなければいけないと、量にこだわってはいけません。もし子どもがすぐにスープに飽きてしまったら、子どもを抱き上げて、母乳をあげて、足りない分を補えばよいのです。それでも子どもは、新しい味に慣れ始めて関心を持っていますし、スプーンは何かおいしいものを運んできてくれるものであるということがわかっているので、ほんの数日の間に、もっともっとスープを飲むようになることでしょう。

ここで気をつけたいことは、小さいスプーンを食事以外の目的には使わないことです。たとえば、子どもが病気になって薬を与えるときに、スプーンを使うのは誤りです。子どものなかで、スプーンと病気あるいは薬の苦さとを、結びつけて拒絶してしまうかもしれないからです。

献立のなかにスープが入るようになったら、卵の黄身、魚あるいはレバー、そしてほんの少しフルーツゼリーなども試してみましょう。フルーツゼリーは、固めすぎもせず、それでいて液状でもなくするために、薄切りにしたリンゴの小片とつぶしたバナナに、オレンジジュースを合わせて作ります。

この時点で、日に一度だけですが、食事は母乳なしの離乳食だけという段階に達したわけです。子どもの新しい食べ物に対する反応にもよりますが、これを5、6週間続けることができます。この時期に、野菜スープを作るときに使った野菜を、ちょっと与えてみることができます。たとえば、初めはジャガイモやニンジンをつぶしたもの、後から葉物などという具合に。このようにして、子どもはスープに少量の肉を入れられる段階になったのです。

歯が生え始めるので、6ヵ月頃から、より固めの食べ物を与えていきます。少しずつ与えていきますから、子どもが嫌がることはないはずです。

離乳の期間中は、子どもが自分の手で持って食べられるもの、たとえば、小さなパン一切れやバナナや野菜などを与えるように、心掛けることが大事です。もちろん子どもにフォークを与えて、どのように使うのかを見せることもできます。もし子どもが手で食べたとしても、口をはさまないようにしましょう。大人が上手に食べている様子を子どもは真剣に見ていて、自分でうまく扱えるようになったら、すぐに私たちの真似をしようとします。

ですから、子どもに無理強いする必要はありません。むしろ、子どもの努力をほめてあげるこ

スプーンを繰って、自分で食べる9カ月の子ども。

とが大切です。食べ方を学ぶ間は、手は食べるための大事な道具であることを、わきまえておく必要があります。子どもと介助する人との関係が良好であれば、手以外の道具を扱う能力も必ず育つものです。子どもは自分が状況を把握していて、他から食べるようにと言われたものを、無理して全部食べる必要はないのだと感じていなければなりません。すなわち、お皿にはほんの一口だけ食べ物がよそってあり、それが終わったら、おかわりすることができるわけです。目の前に食べ物が山ほど盛られていて、とても食べ切れないと子どもが感じることがないように、くれぐれも気をつけましょう。子どもは何歳であっても、お皿の上のものを食べ終わったら、おかわりができるということをすぐに理解するようになります。

離乳はとても楽しいひとときになり得るし、

またそうであるべきです。離乳を楽しいものにするのは、簡単です。もし、子どもがある食べ物を嫌がったら、次に同じものをあげるのは何日か間を置いてからにしましょう。もしそれでも嫌がったら、私たちはその食べ物が好きだけれど、子どもは何らかの理由で、受け入れられないのだと考えるべきでしょう。特定の食べ物に固執することはありません。食べるという楽しい行為を、強制されたものへと歪めてはならないからです。無理強いされると、子どもの食べ物に対する思いは永遠に歪められることになり、それが、食べ物と関係するあらゆる心理的な病気の引き金になり得るのです。

離乳は、いくつかの約束事とちょっとした配慮といささかの忍耐力をもってすれば、食べるものが変わる時期というより以上のものになります。すなわち、子どもは自立へ向かって成長しているのですから、新しい発達段階に子どもが到達するのに、一役買うことができるのです。

誕生と同時に子どもは24時間つねに母親に支えられる必要がなくなって子宮から独立したのですが、それと同様に母乳からも独立するのです。そして母親の役割はここでもう一度変化します。もちろん子どもはまだ母親を必要としますが、その意味は違ってきます。もし、離乳に秘められたいのちの知恵を理解せず、母乳を与え続けたり、あるいは時間をかせぐために固形物を液状にして哺乳瓶に入れるなどしていたら、発達上のひとつの段階として離乳が持つ、心身両面における効果が完全に失われてしまうことになります。

ほかのあらゆる発達段階と同様に、離乳をどうにするかによって、私たちが子どもを基本的にどのようにとらえているかが、はっきり現れてきます。子どもにとって、次の段階へと移っていくのは自然なことだということを信じなければいけません。新しい食べ物を紹介するなかで、子どもと母親、子どもと環境の間に、新たな関係が育つことを願い、そして育っていることを認めなければなりません。

子どもの成長具合にもよりますが、およそ7ヵ月になると、日にもう一度ミルクの代わりに、今までに試したことのない食べ物、たとえば、小さいパスタ、米、ヨーグルトやチーズなどを与えることができます。どんな食べ物でも試みて良いのです。8、9ヵ月になったら、大人が食べるものはほとんど何でも食べられるようになっていることでしょう。これは、子どもが人間として育つ過程において、とても大事なことです。ゆっくりとですが、何ら無理強いされることなく、子どもは、母乳だけに頼っている状態から抜け出していくのです。

ここに至って子どもは、その環境のなかの大切な活動の一部に参加することが可能になったのです。子どもはほかの家族と同じように、食卓に着いて、同じものを食べることができます。このことは、自立と発達への道のりを、子どもがさらにもう一歩進んだことを表します。

混合栄養と人工栄養

食べ物が子どもの教育を考える上でいかに大切であるかについて述べてきたこの章を終えるに

当たり、生後数カ月の間に与え得る他のふたつの方法、つまり混合栄養と人工栄養について考えてみたいと思います。

混合栄養とは、母乳と人工乳とを同時に与えることです。母乳が充分に出なかったり、授乳時間に母親がいない場合などに使うことになりますが、状況によって、いろいろな与え方が考えられます。

母乳が充分でないという場合に覚えておきたいことは、母乳は、子どもが乳首を吸うという生理的刺激が与えられるほど、多く生産されるということです。ですから、子どもが空腹になったら、必ずまず母親の胸元に連れて行ってあげるべきでしょう。

強く吸うということは、とても大切なことです。それは、からだを通しての母子間の会話だからです。子どもが食べ物を求めるときに、母親が母乳を与えることで、それに応えるのです。母乳がどれほどわずかであっても、まず一方の乳房で母乳をあげ、空腹になったらもう片方を含ませます。母乳が終わった段階ではじめて、作っておいたミルクを少し与えてみます。食事をきちんと終わらせるために、ミルクは母乳のあとすぐに与えなければなりません。

母乳を補う人工乳が少量で良い場合は、哺乳瓶ではなくて、小さなコップに入れてあげるべきでしょう。子どもはすぐに小さなコップを使うことを覚えて、ときには何も残さずに、きれいに嘗めてしまうことさえあります。哺乳瓶についているゴムの乳首では、吸えば簡単にミルクが口に入るので、ミルクを飲むのに何の努力もいらないことになります。なかには、吸おうとする自然な意欲さえ見せなくなる子どもも出てきます。

まず母乳を与えて、必要に応じてその後に人工乳を与えることによって、子どもの胃のなかでこの2種類のミルクが混ざり合い、消化しやすくなります。

補完的混合栄養の場合、母乳が生成されるようにと自然な刺激が確保されるばかりでなく、授乳のたびに母子の間に密接な関係が維持されて、母子関係が守られます。

母親が授乳時に全く立ち会えない場合にのみ、完全な人工乳にします。そして後で母乳を与えます。このような母乳と人工栄養とを交互に与える方法は、特殊な場合を除いて、あまりお勧めはできません。なぜなら、母親の乳房が刺激を受ける回数が、日に数回程度まで下がってしまい、その結果、母乳の生産量が減って、最終的には母親が母乳を諦めるような悪循環に陥ってしまうからです。

混合栄養を用いている場合、とくに母乳と人工乳とを同時に与えている母親には、母乳を与え続けるようにつねに励ますことが大事です。たとえ乳首を吸うことが数分であるとしても、母親は、それが母子双方の心身にとって大変良いということを、よく理解している必要があります。どれほど量がわずかであるとしても、母乳をあげること自体が、大変に効果のあることなのです。なぜなら、母乳をあげることによって、母子の密接な関係が保たれ、身体的には、免疫力が子どものなかに取り入れられ、また顔の骨が正常に発達するなどの理由があるからです。もし母親が、母乳はわずかであっても、とても貴重であることを理解しているなら、子どもを抱いて、静かに座っておっぱいをあげれば（これは実際によく見られることなのですが）、母乳の量が増える可能性が高いのです。何よりも大事なのは、ただ母乳が子どもがほしがるだけ充分には出ないという理由だけで、母乳を与えることを諦めないことです。

場合によっては、新生児や幼い子どもに、人工栄養を与えることが必要になります。人工栄養と呼ばれるのは、人間の乳ではなく、一般に牛の乳が使われるからです。成分において、牛乳は母乳と大変異なります。薄めたり、何かを加えてみたところで、牛乳は、決して母乳と同じにはなりません。母乳が含む多量のタンパク質、少量の脂質、それらに付着しているビタミンにかなうようなものはありません。母乳でなければ、免疫力も不足します。

人工栄養は、母乳ほど質の高い成長をもたらすことができないということは明らかです。ここで、人工栄養の持つ不都合を減らし、両親が的確に子どもを手助けできるように、人工栄養にかかわる他の問題点について考えてみましょう。

人工栄養を使うと、消化にかかる時間が変わってきます。牛乳に含まれるタンパク質を消化するには、少なくとも30分余計に時間がかかります。ですから、授乳の間隔を長くすることが不可欠になります。自由に赤ちゃんがほしがったときに授乳することは無理なのです。消化がよくできるように、一日の摂取量を等量に分けた分量を、充分間をあけて、与えていかなければなりません。

もうひとつ考えなければならないことは、母乳を与えられている子どもと人工栄養を与えられている場合とでは、便の質が違うということです。色、におい、固さ、粘着度に違いが見られるので、母乳か人工栄養かによって、消化器官の機能の仕方が違うことがわかります。どちらを摂取しているかで、排便の回数も違ってきます。

母乳を与えられている子どもの便は、柔らかく、クリーム状で、2、3回に分けて、少量ずつ排出されます。人工栄養の場合は、便はもっと固くて、排出しにくいといえます。排便は、普通一日に一回ですが、それでさえも、困難な子どももいます。排便に手間がかかるので、つねに便秘がちになってしまいます。その結果不快なので、子どもの意識が、つねに腸に向けられがちです。

便秘を解決するために、座薬のようなものを直腸に挿入するのは、避けたいことです。なぜなら、それは子どものからだの境界線を侵害することになるからです。またこのようなことは、内側から体外へと排出する、からだの自然な機能を変えてしまうことにもなります。さらに、不自然な刺激が与えられることによって、他の要因も重なり、からだの特定の部分の機能に、子どもの意識を向けさせ過ぎるということにもなりかねません。

授乳の仕方によって変わるもうひとつの点は、吸うという過程です。人工栄養の場合、ミルクを得るためにさほど労力がいらず、母乳の場合に比べて、短時間で飲み終わってしまいます。ですから、飲み終わったときに、満足を得ることが難しくなります。子どもは哺乳瓶のなかのミルクが終わってしまえば、吸うことを止めなければなりません。ですから多くの場合、成長のために充分な量のミルクを飲んで、おなかがいっぱいになっても、口が充分に満足してはいないのです。

吸うことの目的は、ただ単にミルクを飲むことばかりでなく、母子がお互いに知り合い、触れ合い、かかわる機会を提供することです。このことをしっかりと心に留めて、人工栄養の持つ弱点を補うために授乳が終わっても、子どもをもうしばらく抱いて、（母乳を与えているときのように）子どもを見つめ、さらに口寂しくないようにおしゃぶりを与えてあげると良いでしょう。

とくに母子共生期に当たる数週間は、人工栄養の場合も、母乳を与えるときのように、母親自身が哺乳瓶を持って授乳すべきです。なぜならこの時期は、母子が互いを知るための手掛かりを作る、特別な出会いの時だからです。母子がお互いを誰よりも優先するという関係は、人工栄養の場合でも、母乳の場合と同じように築かれなければなりません。母親の存在は他の何物にも変えられません。哺乳瓶を与えるときに、母乳の場合と全く同じように、子どもが母親の声、香り、顔や心音などを体験しなければなりません。

授乳をするときには、母親は、子どもが食べ物をあげている人ではなくて、哺乳瓶に意識を集中してしまうことがないように、適当な場所を選んで、子どもに視線を合わせ、ゆったりと居心地よく座ることが大切です。人工栄養であるミルクは、母親の体内で作られたわけではありませんが、このように配慮することによって、子どもは自分を大切に思ってくれている人からミルクをもらっていることを実感できます。子どもはきっと、人と一緒にいるのは居心地がいいと感じるに違いありません。人工栄養に潜む本当の怖さは、子どものそばにいる人がいかに大切であるかが忘れられて、単に空っぽの胃を満たすために、ミルクを与えさえすればいいと思いがちなところにあります。哺乳瓶は、母親のからだの一部である乳房の代わりであることを忘れて、枕で哺乳瓶を支えて、子どもがひとりでミルクを飲めるようにまでしてしまいます。調和のとれた、幸せな社会生活を送るためには、まず人と一緒にいることが楽しいと感じられることが大事であるはずなのに、このようなことをすることによって、哺乳瓶のような「もの」と一緒にいることが喜びになってしまう、危険な可能性の種が蒔かれていくことになります。

ですから、離乳食が始まるまでに人工栄養を与える必要のある母親は、授乳するときに、母乳の場合と同じ位置に子どもを抱くことを決して忘れてはいけません。子どもが母親の方に顔を向け、母子が互いに視線を交わせるように、哺乳瓶を持つことが大事です。また、哺乳瓶は光を反射することがあるので、その反射に子どもが気を取られたり、強い反射を避けるために、子どもが目を閉じてしまうことがないように、哺乳瓶を手で覆うようにして持つことを勧めます。

つまり、哺乳瓶は乳房の代わりになり得ても、乳房を持つ人そのものの代わりを務めることはできないのだということを、肝に命じておきたいものです。

人工栄養を与えた後、しばらくの間子どもを抱いていると、子どもがときおりまだ何か吸いたがる気配を見せることがあります。なかには、明らかに何か吸うものを探して、口をパクパク開け続ける子どももいます。このような場合、母親が子どもを抱いている間は、おしゃぶりを使うことができますが、子どもが満足したら、母乳の場合に乳房をしまうのと同様に、おしゃぶりを取らなくてはなりません。もし、そのままおしゃぶりを口に入れっぱなしにしておくと、おしゃぶりが子どものからだの一部のようになってしまい、子どもの人生からおしゃぶりを取り除くことが難しくなってしまいます。

もしも、快感というものは、人と一緒にいることからではなくて、むしろ口で何かを吸うことから得られるといった、間違ったメッセージが人生の始まりに与えられたとしたら、子どもの心に歪んだ枠組みを組み込んでしまうことになりかねません。

両親は、子どもを人間に育てていく際に自分たちの役割を、決して忘れてはいけません。育っていくという長い過程において、私たち大人の力添えが必要です。ものは、人によって与えられたときにのみ、大切な存在になります。関係とは、人と人との間（小さな子どもも、もちろん人間です！）に結ばれるものであって、決して人とものとの間に結ばれるものへと歪められてはなりません。もし、この原理を理解するならば、人工栄養だからといって、必ずしも子どもの人格の心理面での発達に害を及ぼすものになるとは限らないでしょう。

第3部 統合された人格の発達に向けて

「人生とは、真に自分になり続けていく過程に過ぎない」　エーリッヒ　フロム

第9章 調和ある動きの発達

はじめに

動くということは、生まれてから三年間の発達においてもっとも重要な側面のひとつです。この章では、運動の発達の過程を、これまでと同じように子どもの心身両面にどのような影響を与えるかということを軸に、概観していきたいと思います。この時期の子どもには、お金をかけたり、複雑な道具を使ったりしないで、発達上どのようなことが起きているのか理解しさえすれば、充分に手助けをすることができます。

動くことは、生命にとって不可欠なことです。動くことによって、必要なものを手に入れたり、害となるものから逃れたりすることができるわけですから、動くことは、生物が生き延びるために欠くことのできない生存の手段です。

35億年にわたる進化の過程をふり返ってみま

すと、単細胞動物の前進と後退という単純なものから、人間の驚くほど繊細な動きに至るまで、動き方は次第に複雑になってきました。

これから述べていく動きとは、精神と身体との調和ある動きのことで、人間はこのような動きを獲得することによって、自分の考えを実現することができるのです。人間の持つどのような発想や計画も、「意図された」動きによってのみ実現することができるのです。これは、人生のあらゆる目的のために、自由自在に使うことのできる道具なのです。

動きという観点から考えると、新生児は、外界の生活に充分耐えられるようになる前に子宮から出てきてしまいます。生まれたときに、自分の意志で動かせる器官は、口と喉であり、母乳を飲みこむためと母親の注意をかきたてるように泣き声を出すための筋肉だけです。これは、妊娠9ヵ月の終わりには頭部が大きく成長するので、生まれ出る必要があるということと、誕生前に外界で生き延びるための最低限の準備をする必要があるということの、自然の諸条件が絶妙に折り合った結果なのです。新生児が最小限の運動能力しか持ち合わせていないのは、こうしたわけです。

第2章で、誕生後の「胎外の妊娠期間」における成長について述べました。興味深いことに、生まれたばかりのサルの赤ちゃんと同等の運動能力を獲得するのに必要な時間は、ちょうど8、9ヵ月です。生まれたばかりのサルの赤ちゃんは、数週間、母親の皮膚を手でつかみ、母親が動き回っている間、母親にしがみついています。人間の赤ちゃんには、こういうことはできません。

これは、新生児の神経細胞はすべてできあがってはいるのですが、それらの細胞と筋肉とを結び付ける神経繊維が、いわゆる髄鞘と呼ばれるものによってまだ覆われていないという単純な理由によります。髄鞘という被膜によって電気的信号が外に漏れることなく、神経細胞から筋肉へと伝えられます。これはちょうど、電気コードが機能するためには、絶縁体で覆われている必要があるのと同じことです。

新生児の首がすわらず、抱き上げるときには、首の後ろを支えられなければならないのは、神経繊維のまわりをおおう髄鞘がまだ形成されていないためです。眼球すら、初めのうちは自分で動かすこともできませんが、発達に合った環境にいれば、すぐに動かせるようになります。髄鞘は、上半身から下半身へと、約一年の間に形成されていきます。

随意運動の能力は非常に速い勢いで獲得されます。生まれたときは、自分の意志ではほんのわずかしか動けないという状態から、たった12カ月後にはもう直立歩行という最高難度の平衡を取れるまでになるのです。人類だけが、この大変に高度な平衡感覚を必要とする歩行という能力を獲得しました。子どもはとても短い期間で歩けるようになります。新生児は無力の状態からスタートしていますが、環境のなかに障害がたくさんあるのをのりこえて、日々自分の運動能力を伸ばしてきたのだということを忘れてはなりません。

遅かれ早かれ、子どもはみんな調和ある運動をすることができるようになるのですが、とくに生後一年の間に自由な動きが妨げられてしまうと、健全な人格発達を危うくするような、心理的に重大な事態が引き起こされかねないということは知っておくべきでしょう。

運動の発達の諸段階

動きの発達をみてみると、人間は3つの段階を経ていくことがわかります。それぞれの段階で、異なる動きを身につけます。この発達の流れは、進化の過程において異なる種類の生きもののなかに見られる動きと一致します。すなわち、這う、四足歩行、そして直立歩行です。

地表（あるいは何かの表面）に全身を預けるようにして空間を移動するのは、爬虫類の特徴です。爬虫類に足がある場合でも、その足は短くて全身を支えることはできず、単に自分のからだを前に進ませるだけのものです。このような動き方は、第1章にあったように、脳の旧皮質に関連しています。

からだと頭とを地上より持ち上げて空間を進むのは、四足歩行の哺乳類の特徴です。こうすることによって、素早く、より広い空間で活動できるようになります。これは、脳の古皮質に関係がある動き方です。

四足歩行と人間の直立歩行との中間に、高等動物である霊長類の動き方があります。霊長類は、（ほんの短時間ではありますが）後ろ足で立ち上がることができます。この姿勢を取ることによって、前足で食べ物を集めて、それらを食べたり、自分や自分の属する集団のためにさまざまな活動をすることができます。これは、前足がほとんど手と同じ機能を有するほどに分化しているからできることです。霊長類は、ほかにはみられない独特な形で子どもの世話をします。しかし、彼らの前足をよく見てみると、人間の手とは異なっていることがわかります。とくに親指と人差し指との関係が違います。人間の場合は、これらの指を向かい合わせて使うことができるので、非常に洗練された動きをすることができます。この能力によって、建築から著述、音楽、絵画、そして私たちの生活を向上させるあらゆる技術に及ぶ、人間の文化が生み出されてきました。

人類の段階になると、新皮質が完全に発達して、直立の姿勢を取る際のバランスが非常によいので、この姿勢で空間を速く移動することができます。前足を使わずに、からだの平衡を保つことができるようになったのです。前足は手として動かせるようになり、口と同様に、人間を人間たらしめるからだの部分となりました。手は、自分の意志のままに動かすことができるように、とても多くの神経細胞と神経繊維とが集まっている高等な部位です。からだ全体のなかで口と手が占める大きさの割合を考えてみると、随意運動を司る大脳皮質の大部分が、口と手を動かすために割り当てられているのは、とても興味深いことです。もしからだの各部分の大きさを、神経繊維の量に正比例させて図示したら、口と手がいかに重要であるかがはっきりとわかって、みなさんさぞや驚かれることでしょう。たぶん私たちは、とても大きな口とふたつの巨大な手を持った、しかも残りのからだの部分はとても小さいという化け物として描かれるはずですから。からだの残りの部分のすべてが、手と口とに仕えていることは明らかで、そのお陰で、人間が人間たりえているのです。

新生児に話を戻します。動くという能力に限っていえば、生まれたときは頭すら動かすことができず、非常にゆっくりと這いずって動くことができるだけですから、その時点では、原始的な爬虫類、あるいはそれを下回る段階にあるといえます。当初はほんのわずかしか動くことはできませんが、潜在する運動能力を正しく認識して、初めから手助けされなければなりません。しかし、とても残念なことには、赤ちゃんはたいてい毛布にくるまれて、身動きできないような衣服を着せられて、小さなゆりかごに入れられています。このような状態で身動きできない子どもの様子を見て、子どもというものは動かないものだと誤解してしまい、子どもが発達していく上で動くことはとても大事であるにもかかわらず、ますます子どもが動けないよう

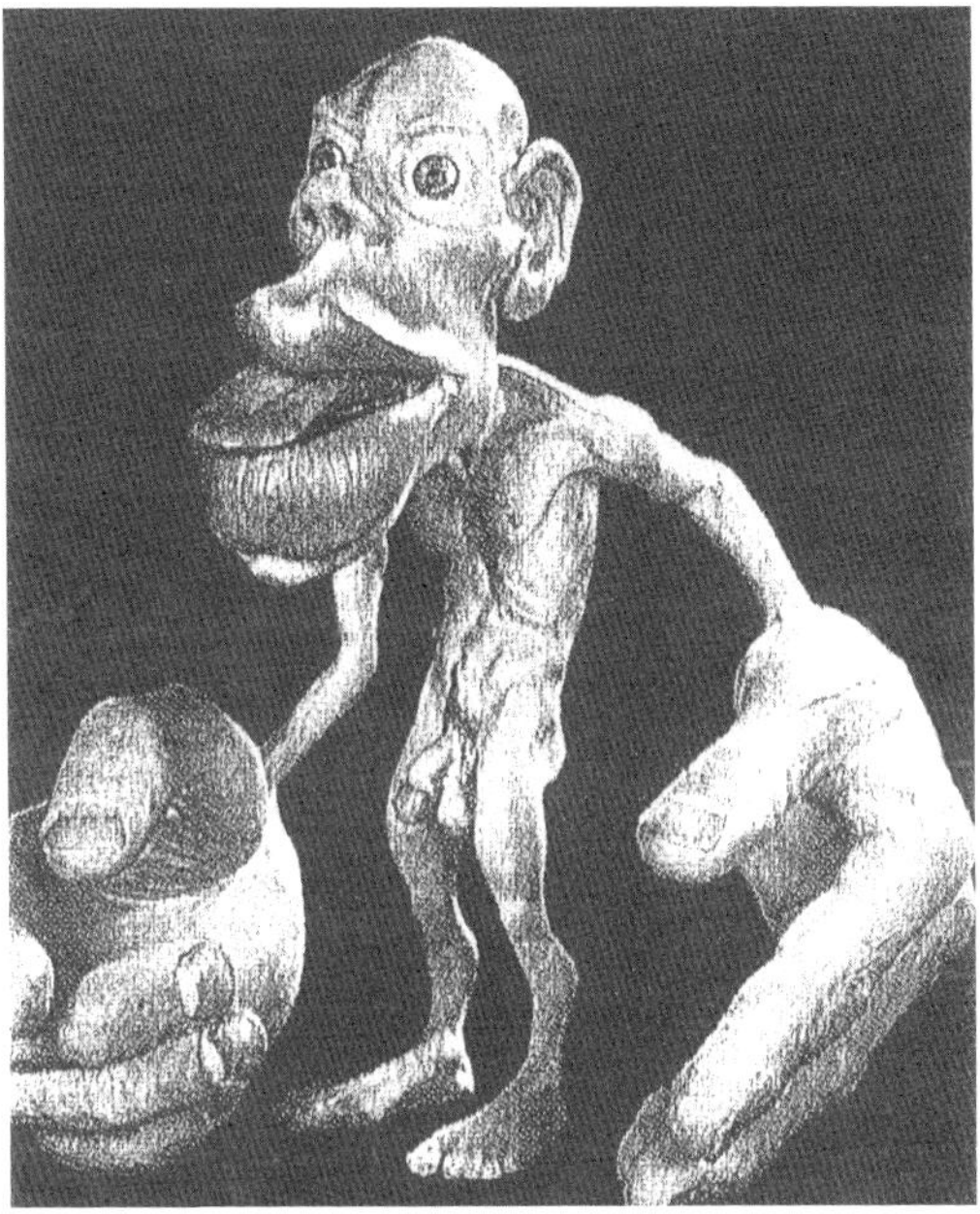

ペンフィールド「人間は口と手に神経繊維nuroneが集中している」
口に$\frac{2}{5}$、手に$\frac{2}{5}$、残り$\frac{1}{5}$が身体全体という割合

にしてしまうのです。

これは、教育上もっとも危険な誤りのひとつです。相手は乳児だから、大人のようには動けないのだとか、全く動くことはできないのだという間違った印象から引き起こされている誤りです。

昨今の研究は、乳幼児が驚くほどあらゆる能力を備えていることを示していますが、これは、胎児の能力を思い返せば、驚くには値しません。こうした発見が、まだ正式に科学によって検証されていないので、産院や病院では、現在も新生児は小さなベッドに入れられて、全く動くことができないような衣服を着せられています。

実際のところ、新生児や乳児の動きは非常にゆっくりで、動くためにはある程度の空間的なゆとりも必要ですから、彼らの動きを観察するのは簡単ではありません。

乳児の世話をしたことのある人なら誰でも、たとえ未熟児であっても、ベッドの端に頭を押し付けて寝ている姿を見たことがあるはずです。ゆっくりであったとしても、マットレスの上を這わずに、どうやってあそこまで行くことができたというのでしょうか？　そして私たちは何回となく、子どもをベッドの真ん中にまで戻さなければならないというのに、彼らに動く能力がある程度はあるということがどうして理解できないのでしょうか？　これは、大人が偏見を持っていることの表れです。新生児に対する私たちの誤解が、目の前で実際に起きていることを見えなくしてしまっているのです。

長年に及ぶ新生児や生後数カ月の乳児との経験によると、彼らは衣服から解放されて、動く自

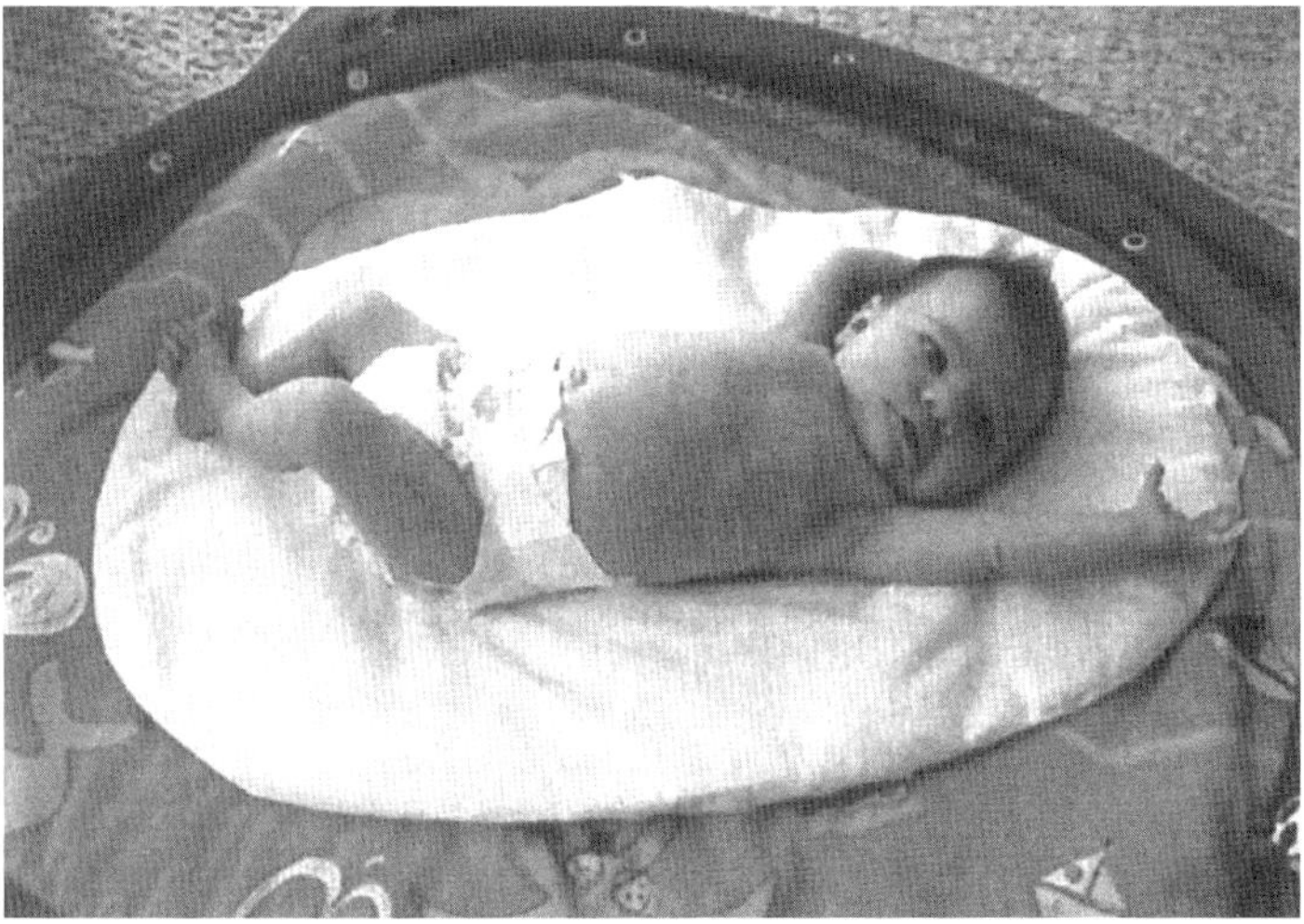
動きの自由を与えられた新生児

由が与えられ、まわりを眺めることができる状態に置かれると、すぐに泣き止みます。からだを動かせることがあまりに嬉しくて、しばらくは食べることすら忘れてしまうほどです。這うようにしながら空間を移動するとき、子どもは非常に注意深く集中していて、からだと心とが一緒に機能しているという、両者の緊密な関係を見て取ることができます。このようにしながら、子どもは自分自身や周囲の世界についてさまざまなことを学んでいくのです。

動くための環境

赤ちゃんは誕生したときから、這いずって動くことができます。平らで、周囲に充分な空間があるところであれば、全身を使って、とてもゆっくりしながら時計回りに動くこともできます。

このような動きをするためには、普通の大きさの一人用のマットレスや床の上に直接毛布を敷いたりするだけで充分なのです。生後3ヵ月の赤ちゃんが、完全に一回りしたのを見たことがあります。からだの内部が発達（髄鞘化）し、さらに、子どもが動くことを周囲がよしとする環境のなかで繰り返し動く体験をすることによって、子どもは発達していきます。

赤ちゃんが自分で動くことができるように誕生したときから手助けするには、一般的に使われているゆりかごより大きめなベッドと、子どもが見たい、それをつかみたいと思うような、興味を引く遊具があれば充分です。

神経繊維の髄鞘化は、目の周囲の筋肉から始まり、速い速度で形成されていきます。生後1ヵ月で目の筋肉を調整することを覚えるので、周囲で起きていることをもっと的確に追視できるようになります。これは自由に観察することができるようになったことを意味しているので、発達の大事な一歩であるといえます。大人は、このような発達に正しく気づいて、子どもが新たに獲得した能力を使える機会を用意しなければなりません。

もし赤ちゃんが、柵のついたベビーサークル（あるいはもっと視界が遮られてしまうような型のもの）に入れられるとしたら、外界を観察しにくくなりますし、観察力を伸ばすこともできないわけですから、子どもは観察する能力などを持ち合わせていても使いようがないことになってしまいます。ですから、子どもが自分の意志で動けるようになるための最初の手助けは、動き回るのに充分な広さがあり、さらに視界が遮られないベッドを準備することです。ベッドといって

子どもが視界を遮らずに観察し、充分に動くことのできるベッド。

も、標準サイズのマットレスを直接床の上に置くか、あるいは4つのキャスターを取り付けた木製の板（危なくないように縁が丸く削ってあるもの）の上に置くとよいでしょう。

出産を控えた方たちにこのようなベッドを提案すると、赤ちゃんがベッドから落ちてしまうのではないかという反対意見が必ず出されます。しかし、何十年にもわたって乳幼児と直接かかわってきた経験から、自信を持っていえるのは、そのようなことは決して起こらないし、初めからこのようなベッドを使えば、起こりようがないということです。なぜなら、赤ちゃんの動き方はとてもゆっくりだからです。赤ちゃんは自分のからだのほんの一部でもベッドから出れば、ベッドの真ん中まで戻ってくるので、全身がベッドの端にまでいってしまうことはありません。

トカゲの赤ちゃんが、木から落ちるなんてことは見たことはないでしょう。トカゲは枝から絶対に落ちないと確信できるところまでしか、からだを伸ばすことはしないで、安全なところへと戻ります。人間の赤ちゃんは、トカゲと同じくらいに、自分のからだの安全について敏感です。

からだがベッドの端からはみ出して、支えてくれるものがないということは、皮膚を通して知覚され、その情報は脳の中枢へと伝達され、分析され、理解されます。それですぐに赤ちゃんのなかに防衛体制が作られ、からだ全体が完全に支えられる体勢に戻るまで、からだの位置を調整するのです。

生後2ヵ月目にはいると、首がすわり、手をそえてもらわなくても首の筋肉で頭を支えることができるようになります。さらにこの時期には、視線を合わせることもできるようになります。ですから、子どもがまわりを自由に観察できる環境に置かれているならば、これらの新しく獲得された能力によって、子どもと環境との関係が大きく変わることになります。自分の意志で頭を動かせるということは、子どもが環境を思い通りにできる力を持ち始めたということなのです。

生後3、4ヵ月の頃になると、もちろん子どもの健康状態やそれまでに積んできた体験にもよりますが、手も自分の意志で動かせるようになってきます。子どもは、意図的に手を使い始め、興味あるものに向かって手を伸ばし、つかみ、そして自分の方へ引き寄せます。これは、発達上の大きな一歩です。さらに、腹這いができるようになり始め、自由に動けるだけの空間が与えられているならば、ついには自分の興味を引くあらゆるものを手にして、見たり触れたり、口に入

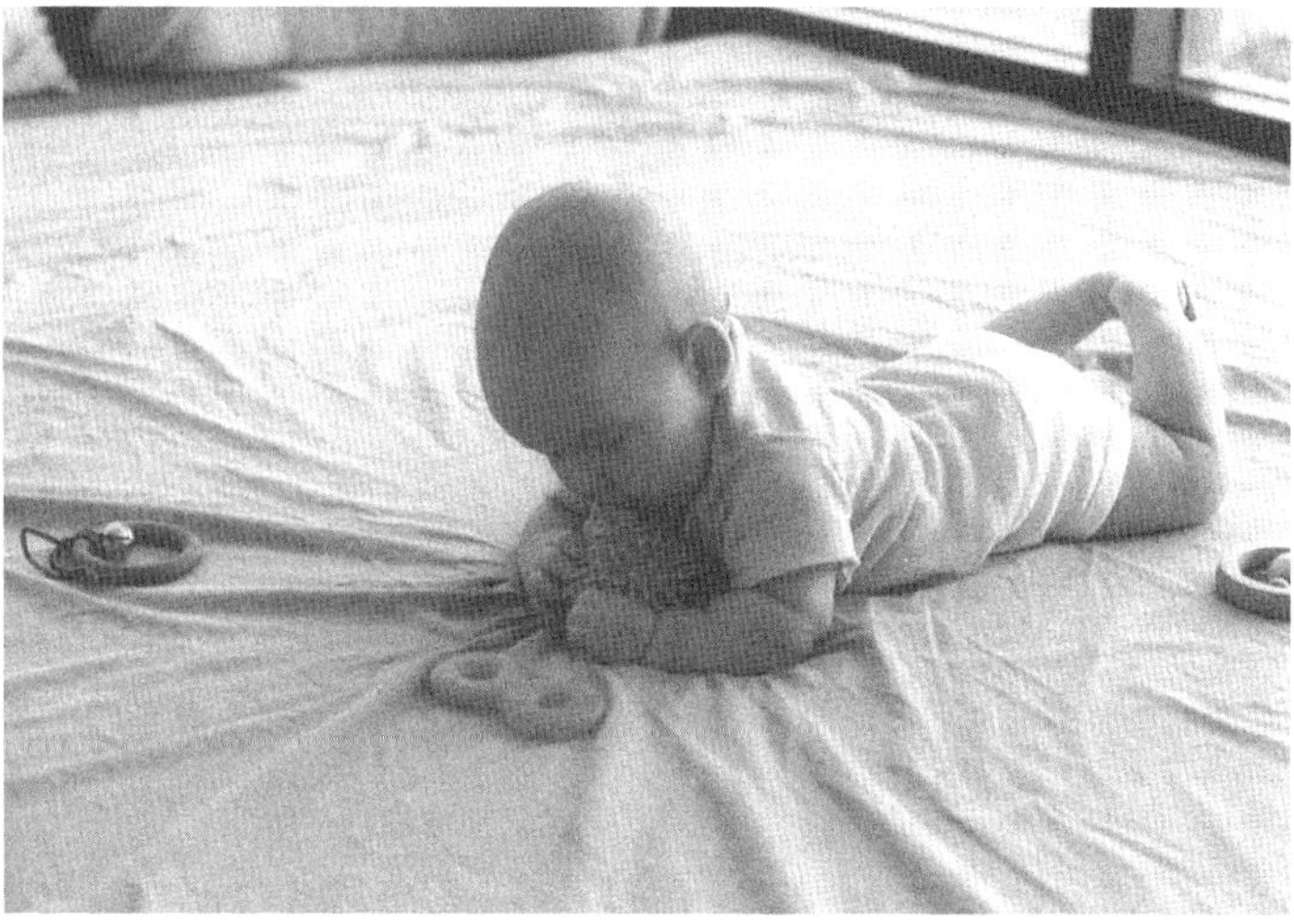

充分に動くことのできる空間のなかで、自分の興味のあるものに向かってずって行き、
自分の感覚を使ってそのものの情報をえている5カ月の子ども。

れたりできるようになり、そのものについての知識を得ていきます。事実、生後数カ月の間は、からだの末端にあるこの大事な器官（すなわち手）の助けを借りて、ありとあらゆるものを体験していきます。

子どもが手を使い始めたら、左手を使わせまいとしてはいけません。過去何世紀にも渡って、左利きは受け入れがたいものであり、正しいことだとは考えられず、大人は何とか矯正しようとしてきました。

脳半球の機能についての最近の研究によると、人口の一割が生まれつきの左利きであることがわかりました。将来、言語、学習、行動の領域において障害を引き起こさないために、左利きという一般とはちょっと異なる脳の機能も、受け入れられて然るべきでしょう。しかし残念なことに、「社会的なタブーとみんなと同じでなければならないというプレッシャーから、左利きを嫌い、子どもに右利きを強要する社会を作り上げてしまったのです。」(注3)

おもちゃやパンなどを手渡すときには、左右どちらでも子どもが使いたい方の手で、それを受け取ることを認めなければなりません。よくあることですが、子どもが左手を使おうとすると、無意識のうちに私たちは、渡そうとしているものを右手の方にずらして、「これがほしければ、もう片方の手を使いなさい」という無言のメッセージを発し、子どもがそれを理解して、実際に右手を出したときに初めて手渡すことがあります。

生後5ヵ月の子どもは、上手に腹這いをして、すでに周囲を自由に動き回れるようになっているにもかかわらず、まだまだ小さな赤ちゃんだと思われています。子どもはこのように動けるようになると、まわりの世界にあるあらゆるものに対して関心を持ち、その興味を満足させることができると嬉しくて、楽しくてしかたがありません。しかし、これくらいの月齢の子どものうちでどれほどの子どもが、このような発達に適した環境にいるでしょうか？

生後5、6ヵ月頃になると、運動能力もかなり発達してきますので、子どもによっては、ベッドから這い出してみようと考えたりします。まずは足を延ばして、それから上半身という具合に、後ろ向きに這い出します。これは、発達上ひとつの大切な節目といえます。なぜなら、このようにできるようになって、子どもは目が醒めて、母親を思い出して会いたいと思えば、いつでも自分から母親を探しに行けるからです。この時点で、子どもは、母親の注意を引くために泣く必要はなくなります。自分が必要としているものは何であるか知っていて（あるいは思い浮かべることができ）、誰かほかの人に頼まなくても、自分で動いたり、新たに獲得した力を使って、自力でほしいものを手に入れることができるのです。したいことが自分でできる人と、誰かにいつも頼まなければならない人とでは、置かれている状況がどれほど違うことでしょうか！

マリア　モンテッソーリは、子どもが泣いているのは「自分でできるように助けて！」という意味をこめているのだと教えてくれています。低いベッドを利用することによって、子どもはすぐに自分にとって大事なことを、自力でできるようになります。こんな簡単なことが、これほど重要な結果をもたらすのです！

自分で自由に探索する子ども。

幼い子どもの持つ能力に対する私たちの理解が、かなり浅いことを、もう一度認識する必要があります。同様に、私たちは子どもを信じることができず、そのことが彼らの成長を阻んでいる事実も認めなければなりません。私たちは子どもに対して誤った対応をしていても、それが子どもを育て、守っていくために必要なことであると正当化しがちです。

生後6、7ヵ月になると、子どもは上半身の筋肉をコントロールできるようになり、お座りができるようになります。6～8ヵ月の間に、子どもは手で上半身を支え、膝と足首とを曲げてお尻を上げます。四つ這いに至るすべての段階を経て、腹這いから四つ這いへと少しずつ発達していきます。これらの新しい動きから、髄鞘化が下半身にまで進んでいることがわかります。

生後8ヵ月になると、子どもは完全に四つ這いができるようになり、9ヵ月には、近くにあるものを支えにしながら、つかまり立ちができるようになります。

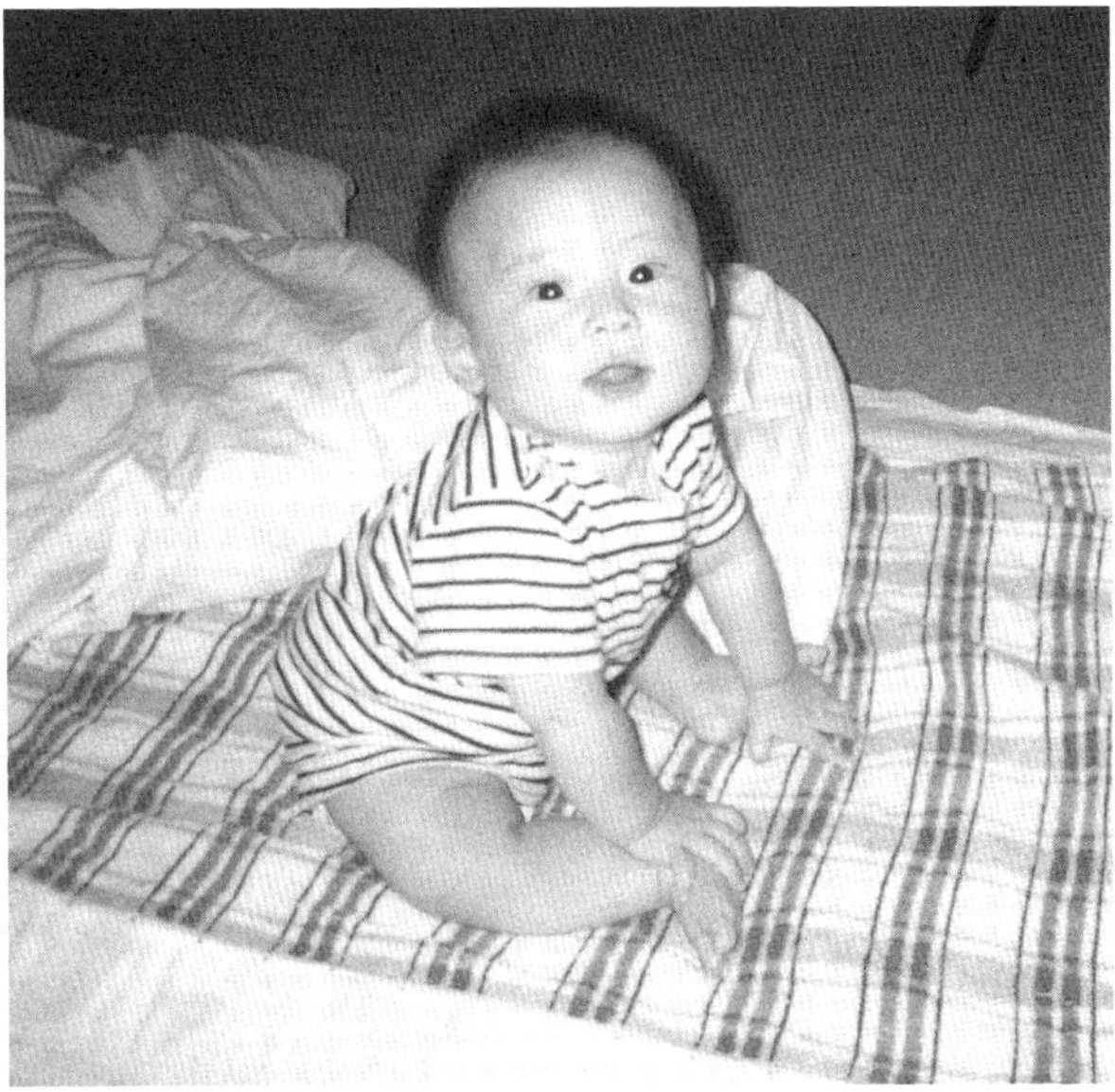
生後6カ月になると、おすわりができるようになる。

11、12ヵ月頃になると、子どもは自分の足を使って、歩き始めます。これは二本の足の上で、自分のからだをまっすぐに支えるために必要な、からだ全体のバランスを取ることを、子どもが獲得したことを表していますが、生まれたばかりの頃には、首すらすわらなかったことを思うと、驚くばかりの成長といえましょう。しかしながら、一般的には、子どもが動けるようになるほど、彼らの活動の自由は制限されるという悲劇的なことが起こります。ゆりかごからベビーチェア、ベビーバギー、ハイチェア、そしてベビーサークルへと、入れられる容器が変わっていくだけなのです。アデレ　コスタニォッキは、かつて私にこう語ったものです。「子どもは、自分の発達を阻止しようとする組織だった力に取り囲まれている！」と。

これでは生後何ヵ月になっても、子どもは自由に動いたり、自分の意志のままにからだを動かすために必要な練習を繰り返す機会を与えられません。ほんの少しの空間で良いのですから、子どもに与えてみましょう。そうすれば、子どもは誰の邪魔もせず、ひとりで楽しく遊べるものだということが、きっとわかります。この時期の子どもは、何よりも自由に動きたいという願望を満足させたいのです。動きたいという欲求が、この時期においてもっとも強い内なる衝動なのです。

12カ月になって歩けるようになった子ども。

自分の意志通りにからだを動かせるようになるために、必要な課題に取り組んでいる間に、子どもと母親との関係が変化していきます。子どもは他の人と楽しく時間を過ごしたり、周囲の人々を観察したり、大人たちが話したり、歌ったりしているのを聞いたりすることによって、自分以外の人と一緒にいる、いろいろなあり方を学んでいきます。他の人とのかかわり方は、もはや肌や触覚を通してではなくなるのです。このような理由から、自発的に動く能力は、前向きにそして自然に「分離」の過程を進めるのに一役買うことになるのです。

どのような関係にも、それにふさわしい「時」というものがあります。誕生したとき、子どもはより広い生活空間を獲得し、その後の母子共生期と呼ばれる数週間は、胎内から外界への移行期として役立ちます。この時期を過ぎると、子どもは外界に関心を持ち、また自分で動けることが嬉しくて、周囲にあるさまざまなものへと手を伸ばします。このようにして、子どもは抱かれる代わりに、一緒に何かをしながら、身近にいる大事な人々とどのようにかかわっていくことができるのか、楽しく学んでいきます。

母乳をもらったり、世話をしてもらうときは、母親と親密にかかわるひとときに変わりはありませんが、このような時間と自由に動ける時間とは、当然交互にやってきます。このようなかかわり方が、健康で幸せな人間関係のモデルとなっていきます。誰かと親密にかかわることにも、それぞれが自分の仕事をする自由を持つことにも、大きな喜びを見出すことができるのです。たとえ愛する人であっても、いつも抱かれているとしたら、お互いが他の新しい出会いを通して成長する機会を失い、まるで監獄にいるような関係になってしまいます。私たちには、人々と親密な関係を持つときと、人々から離れるときとが必要です。赤ちゃんにも、自由に動き回れる空間が必要です。その空間はすぐに、個人として心身ともに成長するための空間になることをきちんと認識し、誕生したときから、このような関係を作っていくべきでしょう。自由に動ける空間を制限することは、心身の成長のための自然の計画を狭めてしまうことを意味しているのです。

子どもに自由に動ける空間を与えようという決断は、両親にとっても、子どもにとっても、大事な意味を持っています。それは、家庭で互いにさらに協力し合おうという、家族の決断を意味しているからです。初めの数カ月が経って、子どものいる生活に慣れてくる頃になると、子どもはあっという間に成長して、自立の道を邁進していくことを感じ、両親とりわけ母親は、いささかの自由を楽しむことができるようになります。もし子どもが、大人の活動する様子を観察することができれば、子どもにとって行動モデルができて、自分がどのように動けばよいのか知ることができます。

子どもは動きを起こしていくための手順を、周囲の人々の実際の動きを見て、取り入れていきます。子どもが動きを模倣するようになる前に、まずその動きがどのように行われているのか、意識する必要があります。運動の手順がはっきりと示されていれば、子どもは、その動きを獲得するように努力することでしょう。もし環境がゆるせば、子どもは上手にできるようになるまで、努力を続けることでしょう。自分のからだが自分の意志のままに動くことは、幼い子どもにとって最高に嬉しいことです。ある動きが新しくできるようになると、その動きは子どもの動きのリストに加えられ、何回も繰り返されます。そして、繰り返されるなかで、その動きは完成されて

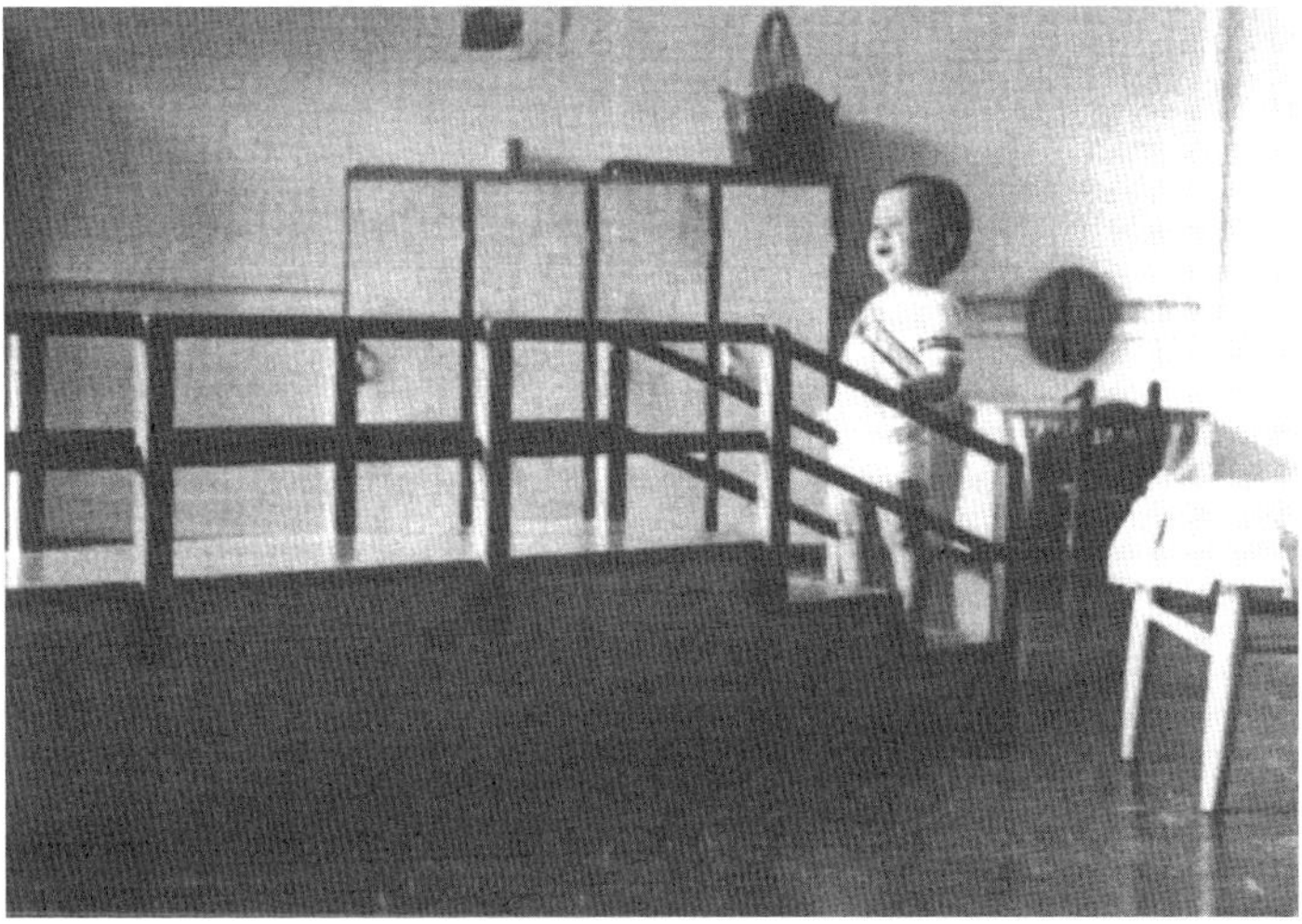

自分で行動ができて、満面の笑顔の子ども。

いくのです。

ですから、さまざまな動きは、まず観察によって視覚を通して学習され、それから実際の子どものからだによって、再生されるのです。幼い子どもは、周囲の大人のすることすべてを真似する傾向があります。しかし模倣という行為は、決して消極的な、単なる行為の繰り返しではなくて、大人のようになりたいという願望からなされる努力なのです。子どもは、人間だけにしかないようなさまざまな特徴を獲得することによってのみ、自分は成長するのだということを、無意識ながらわかっているようです。発達していくなかで、生命力が活発に息づいて、子どもを自己実現へと向かわせていることがわかります。しかし、その子どもらしい発達は、子どもをとりまく環境からの手助けなしには、達成されないことです。

自分のまわりに人がいること自体から刺激を受け、さらに、生きているものの内部には必ず存在し、幼いときにはとくに強く見られる、成長したいという内的衝動に支えられて、子どもは、空間のなかで自由に動くことを求めます。このように自由に動くことのできる空間が与えられることによって、神経繊維の髄鞘化、観察や模倣という驚くべき過程が進み、自発的な動きができるようになっていきます。髄鞘化と周囲を観察するということは、つねに子どものなかで行われています。しかし模倣することは、そう簡単にはいかないようです。動くために必要な、充分な空間が与えられていないので、動きたいという強い欲求が満足させられないのです。

ひとつの新しい運動ができるようになることによって、その動きに関連する神経細胞間のつながりが増え、その動きを起こすための神経回路がさらに発達します。サーカスの子どもたち（あるいはフラメンコを踊るスペインのセビリアの子どもたちやベリーダンスをするエジプトの女の子のように、訓練された大人の動きを間近に見る機会に恵まれた子どもたち）の運動能力は、一般の子どもたちの場合と比べると驚くほどです。しかし彼らの運動能力の高さは、大人のそのような動きを、生まれたときから観察していた結果にすぎません。私たちにとって例外的と思えることも、彼らにとっては環境の一部であり、当たり前のことなのです。子どもたちは見たことを吸収し、できる限りすぐに自分でそれをやってみようとし、周囲からも励まされ、そしてその努力は認められます。

子どもにとって、大人が活動しているのを見たり、話しているのを聞いたりすることができる

鏡があることによって、子どもは自分の動きを見ることができる。

ように、大人と一緒に暮らすことはとても大事なことです。私たち大人は、自分や自分の持ち物を守ると同時に、子どもたちに発達を促す環境を提供することができます。何も家中全部を子どもたちに解放する必要はなく、居間や台所のほんの片隅だけで充分なのです。

生後12ヵ月の子どもの運動の発達を手助けする最良の方法は、すでにお話したように、大きくて低いベッドを準備して、子どもはできる限り床の上を居場所とし、子どもの動きを制限する可能性のある「入れ物」には、入れないようにすることです。子どものために確保された空間には、鏡を用意するとよいでしょう。鏡を通して、子どもは自分がどのように動いているか見ることができるからです。生後7ヵ月ぐらいになったら、横棒を壁に取り付けるか、つかまり立ちができるように、しっかりとした腰掛け

家庭にある家具を使って、子どもはさまざまな動きをすることができる。

などを用意します。ソファや肘掛け椅子なども、利用することができます。

新しい家具をわざわざ買う必要はまったくありません。ただ、子どもにとって自由に動けることがいかに大事であり、また空間のなかで自由に自分のからだを動かしてよいのだと、子どもが感じることの重要性をきちんと理解することが大切なのです。このような自由が与えられないと、子どもは身体的に制限されたと感じ、さらに心理的にも、自分の願望を達成したり、自分の興味を広げるようなことはできないと感じ始めます。周囲に広がる世界は、発達を促すための場所ではなくて、むしろ不自由な監獄のように感じられてしまいます。

子どもが自由に動ける空間を確保したら、そこに子どもの大きさに合った、子どもが簡単に扱えるおもちゃなどを置いておきます。扱うのが難しすぎるものは避けます。なぜなら、それを扱って、子どもが「自分にできる」と達成感を感じることが大事だからです。たとえボールひとつを与えるにしても、その大きさは子どもが無理なく手でつかめるものであるかどうか、注意しなければなりません。一歳になるまでの子どもに与えられるものは、それが何であれ、充分に吟味される必要があります。運動の発達は、「自分にできそうだ」とか「自分にはできる」という気持ちと一緒に進んでいくことを忘れてはなりません。

実際のところ、とにかく動き回ってさえいれば、強い自我が形成されるというものではありません。仮に子どもが自由に行ったり来たりできたとしても、それによって「自分にできる」という前向きな結果が得られなければ、ただウロウロしているだけで、何もしていないのと同じになってしまうのですから。

たいていの両親や大人は、子どもには動くための空間が必要であることを知っています。でも、そのことを知っているだけでは充分ではありません。子どもが実際に行うことができる、具体的な活動が必要です。心身がさらに統合された人間として成長していくには、自分の意志に従って、からだが動く活動が大切なのです。自分の意志のままにからだを動かせるようになると、運動は心を満たすものになります。子どもにとっての喜びは、活動することそれ自体にあり、運動をした結果にあり、内なる要求のままにからだを動かす楽しさにあり、そして自分がうまくできたということのなかにあるのです。子どもに活動を続けさせようとして、ご褒美をあげたり、ほめたりする必要などはありません。

子どもが歩けるようになった途端、両手はからだを支えるという役割から解放されて手を使う作業を用意してあげることが必要な時期がおとずれます。子どもの人格は、活動を通して健康に発達していくことができるといえます。子どもは、また活動を通して、私たち大人の最高の協力者になっていくのです。

全身のバランスを保って、直立姿勢が取れるようになると、子どもは大人と一緒に、自分自身のことや周囲の世話がいろいろとできるようになります。たとえば、衣服の着脱、食事の用意、食卓の準備、床拭き、お皿洗い、埃払い等々。これらの活動は、まさに「日常生活」でなされる家事そのものであって、大人がもっとも面倒に思う仕事です。でも、1～4歳くらいの子どもは、こうした仕事が大好きで、一緒にやりましょうと声をかけられると、とても嬉しいのです。

マリア　モンテッソーリは、幼い子どもたちが日常生活にまつわる活動に対して、なぜそれほどまでに熱心にしたがるのかについて説明しています。大人と子どもとでは、その活動の目的が違うと明確に述べています。「子どもは活動をすることで、将来の人間を作り上げています。子どもは自分自身を向上させるために働いているのです。大人は環境を改良するために働いているのですが。」（注4）

日常生活で行われる家事は、子どもが求めているものに、ちょうどぴったり合っています。つまり、自分の筋力を使う活動であると同時に、自分や周囲の人々にとって役に立つという、目に

子どもは、日常生活に見られる様々な活動を大人と一緒にすることができる。

見える結果をもたらしてくれるからです。

これらの活動は、具体的な結果（つまり、衣服の着脱、食事の用意、家族や友だちのための食卓の準備）という見返りと満足とを子どもに与えながら、子どもの運動能力を向上させるまたとない機会なのです。

このような驚くべき成果を得るためには、子どもが実際に活動できる場所を具体的に確保するばかりでなく、子どもの存在を認めて、子どもが日々の生活に参加できるようにしなければなりません。子どもが参加し始めたら、子どもの必要に合わせて、大人の生活自体を組み替えなければなりません。子どもが成長するのにふさわしい環境を準備する必要があるからです。子どもが活発に活動することを、大人はなかなか認めることができずに、次に述べるような誤解をしています。

1．幼い子どもは、自分のからだを思うように動かすことができないから、あまりにも自由にしておくことは危険である。

しかしこれは、本当のことではありません。生まれたときから自由に動くことが許されていると、子どもは自分のからだが今どのような位置にあるのか自覚するようになり、新しい動き方を試すときには、とても慎重になります。そして自分の運動能力を、機会を見つけて試していきます。長年の経験を振り返ってみても、このように育った子どもが、危険なふるまいをしたのを見たことがありません。このような子どもは、大人のいうことを聴き、助言を受け入れて、指示に

モップで床をふく2歳児。

従う用意がいつもできています。子どもも大人も、お互いを信頼しているのです。大人は子どもを信頼しているし、子どもも、大人は自分が成長できる機会を作ってくれたり、配慮してくれたりするということがよくわかっていて、信頼しています。

2. 幼い子どもは、周囲のものを大切にすることができないので、子どもがめちゃめちゃにしないように、大人は自分のものを守らなくてはならない。

これも、事実ではありません。一般的に大人は、子どもが動けるようになればなるほど、子どもの行動範囲を限定し、あまり意味のない活動へと追いやりがちです。身近にある本物を使って、その扱い方を実際に学ぶ機会を与える代わりに、おもちゃという、現実を体験することができないようなものを与えるのです。子どもがお手伝いしたいと思っていることも、家庭や社会の活動に参加するだけの能力と欲求があるということも、信じられてはいないということを悟ります。大人は、子どもに協力などしてほしくないと思っているというのが本当のところではないでしょうか。

このようなことで、お互いが損をしているのです！　子どもの側からいえば、自分の持っている可能性を伸ばしたり、心とからだの統合という発達上不可欠なことを達成する機会を失ってしまいます。その一方で大人は、喜んで協力してくれる助け人を失っています。そして、私たちの手助けに感謝を表し、生命への援助をすることで、毎日少しずつ成長していく人間の姿を目の当たりにするという喜びも、味わえずに終わってしまいます。

運動の重要性についてのこの章で、ダンスの際の素晴らしい動きについても思い起こしてみましょう。歌や音楽のリズムに合わせて、からだが本当に驚くような動きをします。人間は踊ることを好み、この踊るという文化の表現方法はどの文明にも見られます。子どももまた、踊ることが大好きです。子どもがリズムに合わせてからだを動かしたり、他の人と一緒に踊るのを楽しんでいる光景を、よく目にします。踊るためには、音楽に合わせて、ひとつひとつの動きを始めたり、止めたりしなければならないので、自分の思い通りに筋肉を動かすことが求められます。ですから幼い子どもですら、他の人たちと一緒に踊れるようにと懸命に努力します。

子どもは、母親の胎内にいる間に、リズムに対する自然な感覚を身につけて生まれてくることが、今日、科学によって実証されています。おなかのなかの赤ちゃんは、一日中母体のさまざまな動きによってあやされ、自分をとりまいている羊水に揺られています。そしてそこにはいつも、母親と自分の心臓の鼓動とが響いています。とくに妊娠初期では、鼓動で赤ちゃんの全身が動くほどです。このように子どもは、生まれる前から、さまざまなリズムによって刺激され、そしてそのリズムに応答しています。アシュレィ　モンタギュー（Ashley Montagu）が書き記しているように、「生命の舞踏はすでに始まっている」（注5）のです。

西洋では、子どもたちが、踊っている人の姿を見る機会は稀にしかありません。でもそのような機会があると、子どもたちはとても興味を示し、どのようにからだを動かすのか「運動の手順」を覚えて、すぐに自分でもやってみようとします。私たちの学校では、子どもを落ち着かせたり、子どものエネルギーを上手に発散させるために、ダンス音楽を使ったりしますが、子どもたちはいつも大喜びで、すぐにからだを動かし始めます。子どもは自分のからだを動かす必要があるのに、何かしらの理由で、ちょうど良い活動が見出せないときには、攻撃的になったりするものです。

からだを動かすことによって、音楽を作ることができると気づくことも大変大事なことです。たとえ楽器を使わなくても、口や手や腕などの筋肉を使って、音楽を作ることができると知ることも必要です。また、実に多種多様な楽器があることを知ることも大切ですし、それらの楽器から音楽家たちがさまざまな音を引き出すために、いろいろな筋肉をどのように使っているのか、目の当たりにする機会も準備されるべきでしょう。小さなステキなお客さまのために、喜んで

「コンサート」を開こうという人さえいれば、子どもたちにこういう機会を与えることは可能です！　私たちがこのような企画をするときはいつでも、子どもたちは大喜びです。音楽家の努力は、子どもたちの歓声と拍手喝采とで、充分報われます。

動くことと知識との関係

自分の意志のままにからだを動かせるようになるという発達を、単に髄鞘化が進んでいるとか、さまざまな神経が作り上げられているという生理的な観点からのみとらえるのではなく、これらに関係する心理的な側面からも考える必要があります。今までに再三述べてきたように、人間に起きることはすべて、心身両面に影響を及ぼすからです。

運動の身体的な側面としては、神経繊維の周囲に髄鞘が形成されること、機能ごとに神経回路が形成されること、また骨や筋肉が強化されることが挙げられます。そのために、体内組織のなかにあるカルシウムやリンの活用を助けるビタミンDの合成に必要な太陽光線を浴びることと、必要な脂質を含んだ栄養価の高い食事を取ることが大切です。

以上のことに付け加えて、運動の心理的側面についても注意を払うことが必要です。心理的な意味合いとして挙げられることは、活動することによって、子どもは、自分自身と自分の周囲との関係について知ることができるということです。

運動と知識との間にどのような関係があるかを理解するには、子どもが何か目的を持って、または目的に向かって行動を起こすときに、どのようなことがみられるかを考えてみればよいのです。

1. 環境から、(視覚あるいは聴覚からの) 刺激を受ける。
2. 子どもの心のなかに興味が湧き、その刺激の方に行ってみたいという衝動が起きる。
3. 刺激に到達するように、関連する筋肉を動かす。
4. そのものを実際に体験して、そのものに関する情報が脳に送られる。
5. (もし子どもの活動が邪魔されなければ) 新しいデータが取り込まれて、知識として脳に蓄積されます。つまり脳に記憶された情報は、必要なときにいつでも取り出し、活用できるようになります。

このようにして、それぞれの人の内部に、その人の体験に基づいた、その人特有の財産が蓄えられていくのです。

これから、運動とその人自身に関する知識との関係について考えてみましょう。活動を通して得られた、自分自身に関する知識は、精神にとって土台となる情報であり、その人個人としての基本的枠組みとなるものです。このような情報には、以下のものが含まれます。

1. 自分自身に対する基本的信頼

自由に活動することを認められている子どもは、自分の考えや興味は追求してよいのだと感じています。興味が湧くものを見つけたら、それを手に取って触れたり、口に入れたりして探索するという体験を何回も繰り返しているうちに、自分が何かに関心を持ったら、そこまで自分で動いて行って、手に取ってよいのだということを、確実にからだで感じ取っていきます。このようにして健康な自我が発達し、生きていく上でさまざまな困難に出合っても、それを乗り越えて成長していけるようになります。

子どもは生後2ヵ月を過ぎた頃までに、自分の心のなかに、外界に対する基本的信頼感を育んでいる必要があります。そして、環境のなかで自由に動き、自分の持つさまざまな能力を充分に試し、歩き始めるようになる1歳頃までに、自分に対する基本的信頼感を獲得していくことが大事です。

人間の特徴である歩行は、2本の足で、自分自身のからだを支えることができることを意味しています。この2つのタイプの基本的信頼感は、人生を歩み通すために必要な2本の心理的な足であると言い換えることができます。この心理的な足が強いものであれば、人格の基礎がしっかりしているわけですから、人生の大きな動揺に対しても、耐えることができるでしょう。もし心理的な足のうちの片方、あるいは両方がないとしたら、人生行路は非常に難しいものとなり、なかなか前に進むことができない、もしくは、ときとして立ち止まってしまうことにもなりかねません。それは肉体的に片方、あるいは両方の足がないことと同じではないかと思います。

2. 自信

これは、自分の能力は信頼に足るものであると実感することです。環境のなかで自由に動いて活動した体験から、この感覚は生まれてきます。言い換えるならば、自分には問題を解決する能力があるということの実感です。将来取り組む課題は変わるでしょうが（ボールなど興味を引かれるものをつかもうとすることから、学校の宿題をすることなど）、心理的状況は同じなのです。つまり、何かに興味を持ったら、この興味を満足させるために何かをしたくなり、そして、それをする能力が自分にはあるという自信を持つのです。

このように幸運な人たちは、自分が望むところに自分は到達できると感じており、仮に初めはうまくいかなくても、挑戦し続けていきます。自分自身を信頼しているので、目的達成のための努力を惜しみません。それは、成しとげたときの達成感を味わったことがあるからです。それではほかの子どもたちはどうかというと、自信がないので、試行錯誤することをすぐにあきらめてしまいます。大人になっても、このような姿勢は変わらないでしょう。

生後1年未満の間に、活発に動くことによって自信を育てるという、からだと心の両面にわたる体験が得られたことになります。このとても貴重な道具を身につけることによって、人生のあらゆる困難に立ち向かっていくことができます。自分から動くということを妨げられるたびに、子どもの自我の形成は根本から脅かされ、生涯にわたって、想像できないほど深刻な影を落とすことになります。自由に動きたいという子どもの欲求を抑えようとするとき、どんな結果に終わっているか気づいていますか？　何か食べるものを与えたり、おしゃぶりを口につっこんだり、抱いてあやしたり、ベビーサークルなどの囲いのなかに入れておとなしくさせようとしたり、子どもにとって害になるものを与えざるを得なくなります。そして、子どもの動きたいという欲求を抑えるのに、大人はどれほど消耗していることでしょうか？　本当に、子ども用品の専門店では、乳幼児のための揺り子やジャンプできるようにゴムで吊るされた椅子、ブランコ、歩行器、ベビーサークルなどが売られていて、子どもの自由を制限するための道具には、全く事欠きません！

もう少しして歩けるようになると、子どもは日々の生活に参加しようとして、大人と一緒に活動したがるようになります。大人が子どもからの働きかけを受け入れることによって、子どもの運動機能や手の発達を助けるばかりでなく、自分とはどのような存在であるかという、自分に対する情報を子どもが獲得していく手助けもできるのです。

3. 独立心と自律心

「自分が必要とすることが自分でできる」という確信が強まってくることによって、ますます子どもは、大人の手を借りずに、自分の要求を自分で満たせるようになっていきます。

4. 自尊心

子どもは本来、家族とともに積極的に生活を担っていくべき存在であり、日常の生活に参加することによって、自分は大事な存在であるという感覚が強まっていきます。子どもは環境を利用するばかりでなく、環境を作る存在になっていきます。環境を変化させたり、変容させたりする

植物のお世話をする２歳半の子ども。

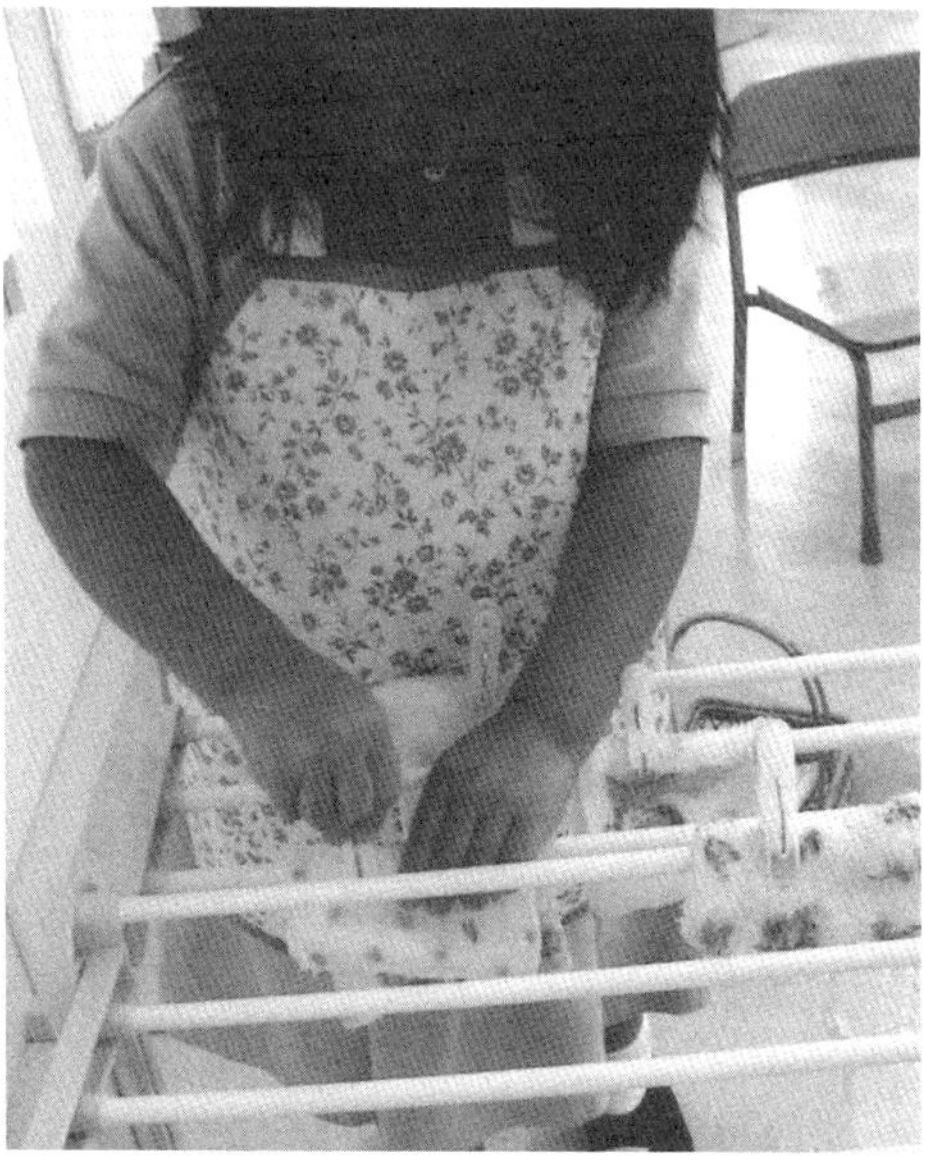

洗濯物を干す。自分で出来た喜びは、社会性の芽生えとなる。

縫う活動をする２歳半の男の子。

ことができるという、人間にとって基本的な体験は、自分は価値ある存在であるという感覚を植え付け、そしてその感覚は生涯消え去ることがありません。「自分には何かしらの価値がある」という感覚が、前述した「自分はできる」という実感と合わさり、「自分は大切なことができる」という考えに発展していきます。

5. 社会生活への参加

家事という実際的な仕事は、社会的に大事なものです。子どもは自分が置かれた環境のなかで、日々の生活を維持する手伝いをしますから、周囲の人々にとって役立ちます。ですから、子どもは重要で、必要な存在になっていきます。このことによって、逆に子どもは自分が住み、活動する場所に対しての責任感が芽生えます。そして、自我が引き続き成長するとともに、自分のからだはますます的確に動くようになって、自己実現のために使われるようになると、さらに強化されていきます。

マリア　モンテッソーリは、知性と手との関係について、次のように述べています。「(前略)手を使う活動によって更に高い水準に達し、自分の手を使う子供は実に強い性格を有すると言えます。ですから全く精神的な事実と思える性格の発達も、子供が環境の中で手を使って活動する機会がなければ、幼稚な段階にとどまってしまいます。私の経験によれば環境の特殊状況によって子供が手を使えない場合には性格が極めて低い水準にとどまり、従順ではいられず、積極的でなくなり、不精で陰気な性格になってしまうことがはっきりしました。ところが自分の手で作業できた子は明瞭な発達と性格のたくましさを示します」(注6)

しかし、環境のなかで協力する機会が与えられていない子どもたちが、まだ大勢います。むしろ、運動能力が発達すればするほど、子どもたちは行動に制約を受け、拒否されがちです。動いてはいけない、さわってはいけないという否定的な指示が、絶え間なく子どもたちに出されます。動く当然のことながら、動くことを大人から認めてもらえないので、それはいけないことなのだと子どもは結論づけ、自分のすることは何でも良くないことなのだと思うようになります。実際に子どもたちは、活発だから「悪い子」だと、大人からあからさまによく言われます。大人たちは、日常の生活の上で子どもは役に立たず、子どもの手助けなど不要であると考え、子どもがどれほど活動したがっているかを認めません。子どもたちは、どのような方法であれ、社会に参加することを拒否され、社会的には何ら価値も認められていません。

その結果、ある子どもたちは、簡単にあきらめてしまい、大人と一緒に何かをしてみようとはせず、真剣に何かに取り組む代わりに、「好き勝手にふざける」だけです。またある子どもたちは、自由に活動したり、協力したりすることを望んで、激しい抵抗を示します。大人が繰り返し子どもたちからの要求を拒否したり、妨げたりしているうちに、子どもたちは何かを必要とするときの要求の仕方について、誤った考えを持つようになります。何かを得たいと思ったら、周囲と協力するのではなくて、戦わなければならないと思いこんでしまうのです。これがさまざまな形の攻撃的な行動を生む元凶です。すなわち「何かをしようと思ったら、力づくでしなければならない（これはまさに、暴力を生み出す処方箋というわけです！）」という考えにあると思われます。

「攻撃性（aggressiveness）」ということばは、ラテン語の「何かに向かって動く」ということで、すべての生き物が外界とかかわるためにしなければならない運動です。そのような運動には、優しく情愛深いしぐさと攻撃的なものとがありますが、両者は、筋肉の使用量に大きな違いがあります。キスしたり、抱きしめたり、あるいは単に握手をするために、誰かの方に向かって歩くこともできるし、もっと激しく触れることで、暴力的にふるまうこともできるのです。

ものに対しても同じです。何かものがあることに気づいた子どもが、それを使ってみようと、近寄っていきます。もし子どもが、ものを扱うときには、大きな力を入れなくてはならないのだという印象をそれまでに持ってしまったとしたら、そのものを傷つけたり、壊したりしてしまうかもしれません。子どもが望んでいることは同じであるとしても、筋肉の動きが調整されていないため、結果的にものを傷つけてしまった子どもを、大人は力づくで抑えようとし、それに対して、子どもはさらに激しく抵抗して、より攻撃的な行動の悪循環におちいり、悲劇的な結末になってしまいます。

押さえつけられた子どもたちは、周囲と終わることのない戦いを繰り広げることになります。このような戦いでは、全員が不幸で、敗者です。つまり大人は、子どもが人間として成長する過程に参加する楽しさや、大人に協力したくてしかたがない子どもたちと穏やかに生活する喜びを発見することはありません。一方子どもたちも、自分のなかに安定感や自分を大事に思う気持ちを育む機会を失います。このような気持ちが育まれなければ、子どもたちの自己イメージも行動も肯定的なものにはなり得ません。子どもは、自分の持つ自己イメージと自分にとって大切な大人の自分に対する期待に応える形でしか、行動することはできません。このように周囲の大人たちの（お前はダメだという）予言通りに、子どもたちはダメな人間として育っていくとしたら、本当に悲劇です！

子どもたちは、誕生直後から動く自由を必要としています。しかし、動くことが子ども自身や周囲の人々にとって価値あるものとなるためには、子どもの行動が、年齢に応じて受け入れられ、手助けされる必要があります。子どもが生きる上で、動くということが、心身両面にとって非常に大事であるということが大人に理解されないと、子どもにとって、周囲は敵意に満ちたものとして感じられます。子どもの成長を妨げるような障害があると、子どもは自然な発達の過程からそれてしまうおそれがあります。もし子どもが、髄鞘化や運動の調整についてはやや発達が遅い程度でも、肝心の動くという貴重な能力は、暴力的な方法で筋肉を使うことを覚えてしまうと否定的な道具に成り下がってしまいます。

日常生活のなかでの行動様式が大人と子どもとでどれくらい違うのかを理解すると、子どもを手助けするのはかなり容易になります。生後14、15ヵ月の子どもでも、テーブルに10人分の箸や皿を上手に並べることができますが、そのときのやり方は大人とは全く違います。これは活動の動機が違うからです。大人にとってそのような活動は、特別おもしろいことでもないので、なるべく早く済ませようとしますが、子どもにとっては、自分の動きを完成させる機会なのです。ですから子どもは、スプーン1本、フォーク1本、コップ1個などとひとつずつ運びます。子どもにとってのこの活動のおもしろさは、それぞれのものを然るべき位置にきちんと持っていくという動きを繰り返すところにあります。大勢の人と一緒に囲む食卓を準備するという、おままごとではない本物の仕事をしているという満足感を持って、子どもはいそいそと台所とテーブルとの間を行ったり来たりするのです。この仕事は、その都度、自分がした行動の結果が明確に現れるので、子どもは嬉々として何度でも繰り返します。この活動をすることそのものが、子どもにとって、自分の努力に対するご褒美なのです。このような仕事のしかたは、明らかに時間がかかります。まさにこの点が、大人と子どもとが折り合えないところなのです。大人は、何とか自分の時間を捻出しようと躍起になって、日常生活で繰り返される決まりきった仕事は、なるべく手早くすませようとします。しかし子どもは、それを自分の成長と向上のための真の機会であることがわかっていて、そのような活動をするときに満足を覚えるわけです。

マリア　モンテッソーリが準備された環境で活動する子どもたちを注意深く観察して発見した事柄を心に留め、さらに子どもたちの活動の目的がいかに大人とは違うかを理解するならば、私たちは子どもたちにお手伝いを頼んだり、一緒に活動することができるでしょう。そのためには、たとえばもし7時に食事をしたければ、6時には食卓の準備を始めなければならないなど、いろいろな活動をするときに、これまでとは違った手筈が必要になるのかもしれません。以前は、子どもたちを静かにさせておいたり、あぶないことをしないようにするためにはどうしたらよいかと頭を悩ませなければならなかったことを考えれば、そうした心使いは、いともたやすいことでしょう。

現実的な役立つ仕事をするときに、子どもたちは楽しく没頭し、同時に子どもたちの動きは調整され、自我は発達して強化され、安定感や自分を大事にする思いが育まれていきます。

「私にはできる、私には何かしらの価値がある、周囲の人たちは私の協力を必要としている、私のする仕事は他の人にとって意味があり、私は無力な存在ではなく、何かをすることによって周囲の世界を変えることができる」。これらの重要なメッセージは、成長過程にある子どもたちの心のなかに深く刻み込まれ、将来いかなるときも、その子どものしっかりとした支えになっていきます。

運動の発達から見た衣服の重要性

運動の発達を手助けするためには、子どもが着る衣服について最大の注意が払われて然るべきなのですが、どうもそれほど重要であるとは考えられていないようです。子どもの衣服に対する大人側からの関心事といえば、外気から子どもを保護してくれるかどうか、清潔であるかどうか、見た目に可愛らしいかどうかという点にあるように思われることがよくあります。

しかし、子どもがどれほど自由に動けるかという点について、考えが及ぶ両親はあまりいないようです。ほとんどの場合、衣服は、子どもが活動する際に邪魔になっています。この傾向は、新生児のときからみられます。ぶかぶかで大きすぎる衣服を着せられ、袖も長すぎて手をすっぽり覆ってしまいます。さらに、多くの産院では、何世紀もの間小さな子どもたちをぐるぐる巻きにしてきた習慣のように、赤ちゃんを毛布できつくくるみます。このように身動きできない状態は、明らかに子宮のなかにいたときの状況より後退しています。子宮のなかでは、胎児はいつもいろいろなからだの部分を動かすことができていました。誕生後には、子宮よりもっと広い空間が与えられているはずなのに、動きを制限するような衣服や覆いに包まれなければならないというのは、かなり妙なことではないでしょうか？

赤ちゃんは身動きしづらいので、なんとかして邪魔なものを取り除こうとして、結局は泣き出します。でも彼らが抗議したところで、的を得た対応を得ることはほとんどありません。たいていの場合、大人は心身にとって害でさえあるおしゃぶりを与えて、動くということから吸うことへと子どもの注意をそらそうとします。子どもがこの世に生まれた第一日目から、自分の成長を促すはずの生命衝動が、自分の意志のままにからだを動かすという活動から切り離されて、破壊的な体験へと歪められてしまうという古典的な例といえましょう。おしゃぶりを与え続けると、子どもは後々まで、口唇からの満足を求めようとするようになります。口唇から得る喜びは、生涯にわたって大事なものですが、他の形の満足を周囲から得ることができないからといって、その代わりにはなりません。

たいていの赤ちゃんは、自由に動きたいとしばらくは要求しても、じきに疲れてしまいます。そして自分の内側に閉じこもり、動きたいという強い欲求に従って、自分のからだを動かすことのできないつらい状況から、唯一眠ることで逃避します。他の場合では、もっと長く泣いて、うまく母親や周囲の大人の注意を引くことができて、抱き上げられて、あやされたりします。でもこのような動きは、自由で楽しい動きとは全く違います。このようにして、動きたいときは誰かに頼まなければならず、周囲の大人の力を借りて、初めて動くことができるというように刷りこまれていきます。「自分でできる」という貴重な体験をすることはできず、大人への依存心が強められてしまうことになります。

何か月経っても、子どもの衣服は、からだを覆い過ぎていたり、大きかったり、長過ぎたり、相変わらず動きを制限して不適切なままです。つねに環境のなかで、子どもの発達の障害になるものをなくすように、大人は努力しなければなりません。

どこの国にいようと、またどの季節であっても、子どもを気候から守りながら、自由に動けるように配慮することはできます。たとえば、ズボンは暖かく伸縮性があって、かつ、腹這いや四つ這いがしやすいように、膝が隠れない短いものであること。靴下は暖かくて、つま先（とくに、床を押して、前進するときに使う親指は重要です）が動きやすい柔らかいものであること。素材としては、軽くて、柔らかく、からだによく馴染むもの。幼い子どもにとってはふさわしくない、とくにジーンズのような固いものは避けなければなりません。

子どもがいきいきとして心身がよく統合された人間として成長していくためには、自分の意思通りに動くからだを育てることと自立を獲得することが不可欠であり、そのためには動くことがいかに重要であるかをご理解いただけたことでしょう。発達を応援するような衣服を着ることが、どれほど大きな手助けとなるか、充分におわかりいただけたことと思います。

第10章 ことばの発達

話しことばの神秘

人間に備わった能力のなかでも、ことばに関する能力の発達はまさしく驚嘆に値するものです。ことばは、自分自身や他の人々と語らい、さらに自分の内面や外界で起きている事柄について事細かく人々と分かち合うのに最高の道具であり、まことに驚くべきものです。ことばは、人間個人の発達にとっても、社会の発展にとっても重要です。それは個人的レベルにおいても、社会においても絶えずやりとりしながら、ことば自身も、使っている人間自身も豊かになっていきます。

どこの国の話しことばも大いに変化する可能性を秘めていて、知らぬ間に絶えず変化しています。今までに表現されることのなかった感情や新しい出来事、さらに新しい意識の次元を言い表すために、日々新しい名詞や動詞、形容詞や言い回しが創り出されています。

すでにお話したように、統合された動きの発達はさまざまな段階を経て進みますが、世界中のすべての子どもが、この段階を通過していきます。ある地域では、生活条件のちがいにより、特殊な運動技術を発達させることはありますが、すべての子どもが腹這いをし、そして二本足で立ちます。しかし、ことばについては事情が異なります。習得時期はたぶんどの子どもも同じでしょうが、学習することばはすべて違うのです！

世界中で、現在、本当にたくさんのことばが話されています。過去のいかなる時代においてもいえることですが、ことばの能力の使い方は実に多岐にわたっています。

いつからことばは存在するのでしょう？　初めてことばを使ったのは誰なのでしょう？　ある人間集団から別の集団へと、ことばはどのように伝播していったのでしょう？　これらすべての疑問に答えるのは、多分不可能なことでしょう。

声帯から発せられる音は、音域としては狭いのですが、無限に組み合わせることができるので、ほとんど際限なく新しい音が生み出されていくようです。子どもたちですら、自分だけが使える、自分だけに意味のあることばを作り上げることができるのです。また話しことばの当然な帰結として、音が記号へと変換されていくわけですが、それぞれの社会が実に多様な形で行っていることには感嘆してしまいます。過去から現在に至るまで、時空間の隔たりを埋めるためにコミュニケーションの手段を見出したり、伝達内容を保存する方法を探し出したりするなかに見られる、驚くべき人間の創造性も見逃せません。

いくつもの言語体系が消滅しているとはいえ、それらのことばで書かれた文章を現在でも読むことができます。こうして、私たちは祖先とコミュニケーションをとったり、彼らの生活の多くの側面、たとえば、彼らは情感をどのように表現したか、家族生活や国事をどのように取り計らったか、さまざまな状況に対して彼らはどんな対応をしたかなどについて学ぶことができます。彼らの奮闘ぶりは、きちんと記録されています。さらに過去を現在の根源としてとらえることもできるわけで、記録から学ぶことによって、一般的にも個人的にも、人生をより良く理解することができるでしょう。

ことばは、実に多くの興味深い問題を提起してくれますので、大勢の学者がこの題材の研究に没頭してきました。この数十年間に、言語に関する多くの理論が提起されました。それらのすべてを詳細にわたって論じることは、この本の目的を逸してしまいますが、いくつかの研究結果について吟味してみましょう。科学の領域で戦わされている最近の主だった論争をみると、この驚嘆すべき、神秘的な人間の特徴を研究することに、どれほど深い関心が寄せられているかがわかります。

一般的に、人間には実際に話すことを習得するずっと以前から、ことばを獲得するためのメカニズムが脳のなかに築かれているといえるでしょう。すべての言語に共通の普遍文法（universal grammar）が完璧な形で知識として乳幼児の脳のなかにすでに組み込まれているのです。それでいて、各個人が個性的にことばを使い、今までに使われることのなかった言い回しを創り出してもいけるのです。このようにして、私たちはことばの持つ創造性と自分自身のコミュニケーションの独自性や楽しさを満喫していきます。

ことばは、それぞれの人間社会によって集積されてきた宝物です。そしてことばがあることによって、その社会に属するすべての人々が、そこで営まれる生活に参加することができます。しかし、ことばの偉大さは、ことばが単に機能性や単語の「おうむ返し」から成り立っているわけではないことに気づかない限り、決して正しく理解されないでしょう。ことばはむしろ思想によって支えられています。そしてまた、思想はことばによって支えられ、増幅されます。すなわち、ことばと思想とは互いに補い合い、強化し合って、これによって、人間の意識は広げられ、さらに広い事実をとらえることができるようになるのです。

以上のことと同様に重要なのは、内なることばです。自分の考えを明確にし、分析し、自問自答することで助けとなってくれるのが、内なることば、内なる対話です。自分自身の内外から来る感覚的な情報は、絶え間なく流入してくるデータを脳のメカニズムによって理解したり、記憶したり、そして伝達したりすることが可能な形に処理されない限り、思考のなかに取り込まれることはありません。内なることばを聞くためには、注意力と集中力が必要ですが、他の人々と本当のコミュニケーションがとれるようになるためには、自分自身に語りかけることを学ばねばなりません。

不幸なことに、ことばを話すという行為と思考とを引き離すのは可能なことであり、自分の考えと合致しないことをことばにして表すことができます。このような事態に陥ると、内面の苦悩が引き起こされ、その人の個人としのアイデンティティーが脅かされます。たとえ幼い子どもであっても、自分の心のなかにあるものが周囲によって受け入れられないことに気づき、それゆえにことばに出せないで、ことばと考えとを引き離すことを学習します。そうなると、内的人格分離が生じ、ことばは思考によって支えられることもなくなり、思考を表現することもなくなり、自分が考えたことを覆い隠すようになります。

言語発達の段階

たとえ言語の発達のはじまりやその意義について異なった見解があるにせよ、すべての学者が言語を獲得する過程には主として二つの段階があることを認めています。すなわち、

1. 前言語段階：誕生（あるいはそれ以前）から生後10～12カ月まで
2. 言語段階：生後12～36カ月に及ぶ期間

1. 前言語段階

言語発達の最初の段階となる、10～12ヵ月について考えてみましょう。この段階では、子どもたちが行っている作業のすべては内部に隠されており、外部から観察できるのはほんのわずかし

かありません。外からではわかりづらいこの静かに進む過程を促進させたいと願うなら、この時期についてよく承知しておく必要があります。もし子どもたちに対する考え方を変えたいと思うなら、まずは注意深く彼らを観察することです。

胎児期に集積した記憶があるので、新生児は母体の外に出た瞬間から母親の声を認識し、母親が話しかけるとそちらの方に顔を向けます。また乳幼児が、早い時期から人間の声に対して特別な関心を示すこともよく知られています。彼らはすでに「言語の敏感期」に入っており、彼らにとって人間の声は好ましい環境音として感じられています。生後数週間の赤ちゃんが泣いているときに、近寄っていって、落ち着いた、優しくて穏やかな声で話しかけると、赤ちゃんはすぐに泣きやみます。人間の声には私たちの感情を伝え、子どもたちを落ち着かせ、安心させる力があります。聞こえる範囲で人が話しているとき、先天的に言語野が組み込まれている方の新生児の脳半球が、はっきりと反応を示します。

新生児の泣き方は、状況に応じて異なるし、子どもによっても違いがあることを知っておくとよいでしょう。子どもの泣き方は、その質量において実にさまざまです。このことに気づくのは、とても大切です。なぜなら、もし私たちがこのような形のコミュニケーションに対して敏感になることができれば、本当のコミュニケーションをとるために適切なことばを見つけていくことができるからです。音やリズムによって、何を感じているかや何を望んでいるかがかなりはっきりと表現されます。それ以上に、乳幼児は（着ている衣服や置かれている場所が許すなら）泣きながらも、からだのさまざまな部位を多様に動かして、表現したいことをもっとはっきりと、もっと強く表します。

生後2ヵ月までの乳幼児の泣き方で大変に興味深いことのひとつは、泣き方の種類によって呼吸のリズムを変えることです。このような泣き方の変化によって、子どもが周囲に何を伝えようとしているのかがわかります。

生後2ヵ月を過ぎると、子どもは声の調子を変える能力を獲得します。これは、咽頭にある神経の髄鞘化が完結して、咽頭を自分の意志でさまざまに操作できるようになったことによります。このような微妙な声の操作は、主に母親と子どもが互いの目を見て、直接的に触れ合っているときになされるコミュニケーションのなかに見られます。

生後3、4ヵ月頃には、新しい表現が生まれます。母音がかなりはっきりと再生されるようになり、歌うかのようにわき出るような喜びをあらわします。もし周囲の大人たちが子どもが声を出していることに関心を持って、それに反応するならば、子どもは嬉しくてたまらずに、大人自身が引き込まれるような会話を展開し始めることでしょう。

生後5、6ヵ月になると、m、n、dといった特定の子音がはっきりと現れてきます。そしてそれらが、すでに使っている母音と結合してマ行やナ行、ダ行が発音できるようになります。これらの音を繰り返していくことによって、「ママ」や「パパ」、あるいは「ダダ」といった単語が形作られていきます。そのうちに子どもは「ママ」と言うと、母親が大きく反応することを発見し、そのような反応を引き出す音を何回も繰り返そうとします。このように子どもは、発声器官が持つ多くの可能性を発見して、とても嬉しそうにそれらの器官を使い、練習を続けます。ですからこの時期には、子どもは目覚めるとすぐに話し始めます。大変な興味を持って、そしてとても集中して声を出す練習をしているのがよく聞こえてきます。このようにこの時期の子どもたちは、音を発することや母親とのコミュニケーションのなかで母親に応えていくことが楽しくてしかたがないのです。

このようなことは、大人にも起こります。時間に追われることなく、ゆっくりと目覚めたときなど、（たとえ声を出すことはなくとも）自分自身と語らい始めるときです。

運動の場合と同じで、自分のからだがこんなこともあんなこともできるということを発見すると、とても嬉しいものです。言語の場合も子どもは、口と咽頭とに自分が自由に操作できる貴重な道具を持っているのだということを感じ始めます。

ことばの発達について考えるときには、音や単語を発する能力とそれらを理解する能力とは別なものであると認識する必要があります。なぜなら、このふたつの能力は必ずしも同時に発達するわけではないからです。通常は、後者が前者よりも先行します。

生後7、8ヵ月になると、一緒に住んでいる大人たちからのさまざまな働きかけに対して、適切に応じることができるようになります。たとえば、「手を叩きましょう」とか「こんにちはをしましょう」、あるいは着替えをするときに「手（足）を出して」など。またこの時期には、子どもたちは「いけません（No）」ということばをはっきり理解します。もし環境が充分な刺激に富み、発達を援助するものであるなら、子どもは順調に発育を続け、12ヵ月頃には初めて単語が言えるようになります。その単語は、家族や食べ物、挨拶に関するものでしょう。こうした単語は、ある状況を完全に言い表し、文章全体のような機能をするので、「拡散語（holophrases）」と呼ばれています。

「一語文」が実際に何を意味するかは、その子どもと一緒に住んでいるか、その特別なことばを発するときのしぐさや声の調子、状況に気づくことができる大人たちにしか理解されません。ほかの大人には、そのたったひとつの単語を「翻訳」し、それに含まれているあらゆることを説明できる、たとえばその子どもの母親のような通訳が必要となります。1歳で3、4個の「拡散語」を使うことができます。

2. 言語段階

言語段階は、生後12～36ヵ月に見られますが、さらに2つの段階に分けることができます。

a. 前期（生後12～20ヵ月）

b. 後期（生後20～36ヵ月）

言語段階前期にいる子どもたちは、周囲で起きていることのなかで、とくに注目して伝えたいことがあるときには、違った状況でも同じことばを使ったり、同じ状況でも異なったことばを使ったりします。

語彙も広がり、使う子音の数も増えますが、ラ行、サ行、ザ行を発音するのは難しいようです。ほとんどの子どもたちが、もう少しあとになって初めて、これらの音を正しく発音するようになります。

そして発話は、ふたつの単語から構成されるようになります。たとえば、「ママ　ここ」といったもので、「二語文」と呼ばれます。最初の単語が主語で、2番目が子どもが大人の注意を喚起したい状況の全体を表しています。次が「三語文」の段階で、3つの単語からできています。目の前にはない状況や人々について話し始めたり、それまで身振り手振りで反応していたことに対して、ことばで答えるようになります。この時点で、対話というものが成立しうるわけで、とても大事な段階です。この時期の子どもたちは、名詞のなかでもとくに難しいものに対して大きな関心を示し、日々新しい単語が加わって、語彙はどんどん広がります。ノーベル賞受賞学者のサー　ジョン　エクレス（Sir John Eccles）は「子どもは、ことばに飢えています。ものの名前を尋ね、たとえ自分ひとりでも、その名詞を何回も休みなく繰り返し練習しています」とその著書のなかで述べています。（注7）私たちの乳幼児施設における体験でも、生後14～24ヵ月の子どもたちが比較的大きなカード（20 cm×20 cm）に描かれている15種類の非常に珍しいネコ（鳥や花、乗り物など）の名前を学んでいる姿を見たことがあります。驚くほど喜んで、この学びの過程に集中し、登園するや否やまずこの活動からやり始めます。このようなことからも、この時期の子どもたちを援助する立場にいる大人を訓練することは極めて重要です。もし、子どもには「物の名前を知りたがる敏感期」があるということを大人がよく承知していて、ことばを知りたくてたまらないという子どもの思いに的確な方法で応えていくことができれば、子どもたちが実体を理解することにおいて、実体の質的相違を理解することにおいて、生涯にわたってことばを豊かにすると共に正確にしていくことができます。子どもたちは、ますます（真の意味で）人間になるために成長していく必要のある存在です。ですから、彼らが体験して、表現したいと思う状況に対応する適切なことばを知っていれば、子どもたちは大いに安心感を持てるとともに、環境を良い意味で手中に納めておくことができるのです。

これが、「言葉の爆発」とマリア　モンテッソーリが呼んだ時期です。生後2年目の終わりまでに、子どもたちはおよそ２００語をほぼ正確に発音し、使います。彼らはまだ「私」という代名詞を使うことができないので、自分のことを第三者として話します。

後期（20～36ヵ月）になると、子どもたちは話しことばのほかのさまざまな部分を習得していき、言い回しは長く、より複雑になります。ことばの使い方や理解を通して、子どもたちの外界や自分自身の把握が驚くほどの段階に達していることがわかります。自分の周囲で起きていることや自分の感情を表現したり、さまざまな状況を正しく判断したり、あるいは「イヤダ！」と言って抵抗したりすることすらできます。

生後32～36ヵ月になって、子どもたちの語彙のなかに「私」ということばが現れたら、自我

(personal identity) の発達上、非常に重要な段階に達したことになります。これは、人間として大きな成長の節目であり、人間としてのあらゆる特徴を備えた、「人間」の誕生なのです。この段階に達した子どもは、すでに環境のなかで自分の居場所や役割をはっきりと理解しており、「私」ということばを使うことによって自分を強く主張し、自分が唯一無二の存在であると認められようとします。これは子どもの成長の道のりにおける一里塚であり、あたかも自分のからだを支えて二本の足で歩けるようになったときと同じように、厳粛に祝われるに値するものです。二本足で立てるようになった子どもの姿は、身体的に自分自身 (physical identity) を表現しているし、そして今「私」ということばを使用することによって、心理的にも自分自身を表せるようになり、まさにひとりの人間となったのです。

ことばの発達を助けるために、どのようなことができるのでしょう? この質問に答える前に、母国語を上手に使うための、3つの条件をわかりやすく説明しましょう。その条件とは、

1. よく聞こえること。
2. 発声にまつわる器官、すなわち口と咽頭とが解剖学的によく発達し、神経と共に機能していること。
3. 周囲とコミュニケーションをとりたいという願望があること。

第1の条件については、子どもの聴力を誕生直後に調べることが必要です。なぜなら、子どもはまず最初に、ことばを自分のなかに取り込まなければならないからです。聴力の欠陥はいかな

るものであっても、音の吸収を妨げるか、あるいは遅らせることになります。子どもは、自分のなかに取り込んでいない音を発声することはできません。それゆえ、かつては耳が不自由であるということは言葉が発せないことを意味しました。しかし最近では、このような悲劇は、問題が早期に発見される限り、容易に避けることができます。新生児の聴力検査は、すべての家庭（そして乳幼児のいるクラス）において、当然なされるべきです。なぜなら、聴力の部分的な欠陥であっても、ことばの発達を遅らせることになりうるからです。簡単な検査方法として、手を叩いたり、ベルを鳴らしたり、子どもの背後から名前を呼んだりする方法があげられます。少しでも疑いがある場合には、両親（あるいは教師）はすみやかに小児科医に連絡を取らなければなりません。そうすれば、医師はより精密な検査のために、子どもを専門家へ送る手筈を整えてくれるでしょう。

先ほども言及したばかりですが、ことばは最初に吸収されて、それから再生されます。ですから、子どもに対してできることばに関する最初の援助は、はっきりと正しく話すことです。子どもたちの世話をしているときに、今行っている行動について説明したり、生後直後から折に触れて、ゆっくりと大きすぎない声で話しかけることが大事です。話していることをよくわかって聞いてくれる人に話すときのように、声の調子は真面目であるべきでしょう。また、相手とコミュニケーションをとることをいかに大事に思っているかが伝わるように話しましょう。もちろん普通とは声の調子やことば使いを変えて、自分の愛情を伝える特別なことばもあるわけですが、大人の生活と同じように、普通の場合と特別な場合の両方の話し方のモデルが、同時に存在して然るべきでしょう。なぜなら、子どもたちは両方を学ぶ必要があるからです。

子どもたちが大人のいるところで音を発したら、大人はそれに答えてあげるべきでしょう。そのような経験を通してことばとはメッセージであり、コミュニケーションのひとつの形であるということを、子どもは理解していくのです。

子どもたちはことばを学ぶ必要があると同時に、実際の生活のなかで、それを耳から聞く必要があります。入浴や子どもの世話をしている間にからだのさまざまな部分に触れたりするとき、食事の準備や給仕をしているときや衣服の着脱の折など、毎日いろいろなことばを発する機会が多くあるものです。この場合、名詞だけを言うことが肝心です。ほかにはどのような説明も加えません。もしあなたがスプーンを見せているのなら、「スプーン」という名詞を2、3回繰り返してごらんなさい。こうすることによって、子どもにはその生命のなかに秩序を取り入れ、周囲のすべての人とすべてのものに名前があるということを、すぐに理解するようになります。さらに子どもたちは、大人同士が実際に話していることばや会話に「触れている」べきです。もしそれらが豊かで、洗練されたものであれば、子どもたちはそれと同等の次元の高いものを取り込んでいくことでしょう。

子どもたちに話すとき、大人は表現に注意しつつ、常にはっきりと話すべきです。なぜなら、子どもたちは実際に表現できる以上に内容を理解しているのですから。子どもたちが何かを表現しようともがき始めたら、笑ったり、わけのわからないことを言っているとからかったりしてはいけません。コミュニケーションをとり続けていく勇気を持つためには、子どもたちは自分のコミュニケーション能力に対して自信を持つ必要があるからです。

また、子どもたちにとってわかりやすいだろうと思い込んで、誤った子どもの話し方を真似して話すことは避けるべきです。なぜなら、正しく発音された単語が子どもの頭のなかにはあるのですが、まだ咽頭が充分に発達していないため、正確に発音できないだけかもしれないからです。大人ができる最高の手助けは、子どもが言おうとしていることはわかったということを伝えると同時に、次回は正確に言えるようにお手本を示すために、正しい発音で、そのことばを繰り返してあげることとです。この手助けの基本的な発想は、誤りを笑ったりせず、努力の結果を大事に受け止めることなのです。この大人の姿勢の違いによって、言語の獲得の質が異なってくることに注目しましょう。4歳、5歳になってもまだ「赤ちゃんことば」で話している子もいれば、2歳でもはっきりと正確に話す子どももいるのです。

本も選考されたものであれば大きな助けとなります。選ぶときの重要なポイントは、その本が事実を表現しているかどうかです。なぜなら、この時期の子どもたちは周囲の環境や生活がどのようになっているのかを理解しようとしているので、その現実世界が正確に表現されていることが必要なのです。子どもたちは私たちが言うことすべてを信じてしまいますから、私たちは正直に子どもに接するべきで、後で訂正しなければならないような間違った概念を与えるべきではありません。彼らが日々直接体験している、身近な人々や家庭、環境に関する事実を与えれば、これらを土台にして、自分の知識を広げていくことができます。

なぜ人間と同じように行動する動物のアニメーションを、子どもたちにわざわざ見せる必要があるのでしょう? なぜ、動物が私たち人間のように衣服を着たり、ベッドで眠ったり、ソファに座ってコーヒーを飲んだりするというようなイメージで子どもたちの頭を満たさなければならないのでしょう? 私たちの実際の日常生活ほどおもしろいものはほかにないにもかかわらず、私たちはこの事実を過小評価し、勝手につくりあげたものの方を好むのです。こうすることによって、私たちは子どもたちを混乱させるばかりではなく、子どもたちの観察力や生命の不思議を発見する力を損なってしまっています。

子どもたちにとって本は、情報を増やしたり、あらゆる事柄を事実に即した方法で提供することによって、これまでに学んだすべての事柄をよりはっきりさせたり、さらに広い知識を提供し、これから経験するであろうことに現実的な表現で備えることに役立つべきです。子どもが事実を体験し、吸収し、実際に外界で見えることと自分の内部で考えることとの区別がつくようになってから、ファンタジーは与えられるべきでしょう。誕生後の最初の3年間は、運動に対するのと同じように、ことばに対する技能を獲得したいという強い内的欲求を持っているので、彼らは本気で応じてほしいと願っているのです。

第3の基本的条件、すなわちコミュニケーションを取りたいという願望は、ことばの情緒的な側面です。自分の感情や体験を他の人々と分かち合いたいという思いが育つための前提条件は、人々と良い関係を築いているということです。いくつになっても、気分が落ち込んでいたり、怒っている場合は、会話の量は減少しますし、話すこと自体を止めてしまうことすらあります。コミュニケーションを拒絶するということは、個人レベルの戦争を始めるための最初の戦略です。たとえ慣れない言語体系のなかでも、コミュニケーションを取り、そこに参加したいと本心から願うときには、本当に信じられないようなことまで試してみる一方で、会話を減らしたり、欠如させることで、人々や外界と交わりたくないと宣言するようなことさえもするものです。

ことばを十分に取り込み、完璧に発声できるにもかかわらず、情緒的な問題からうまく話せない子どもを見かけるときがあります。極端な例は自閉的な子どもで、自分を外界から切り離そうと意識的に決断して、話すことをしません。ですから、適切な発達とことばの使用を促すためには、情緒的に良い雰囲気があることが不可欠な条件なのです。

生後2年間は、子どもが自分の感覚を使い、実際にからだを動かすことを通して、自分自身や周囲の環境を知っていく時期なので、感覚-運動的知性期（the period of senso motor intelligence）と呼ばれています。しかし、自分を取り囲むひとつひとつのものに名前があることに気づいたときに、「具体物」から「抽象」へと移行していきます。ことばは、感覚と運動とを通してとらえることのできる事実をシンボル（象徴）に変換します。この移行は、人間の知性の発達において、本当に大きな質的飛躍なのです。話しことばを習得することによって、後に、書きことばを習得することができるわけで、子どもは知識を得ると同時に、その蓄積を限りなく増やしていくことのできる、自由自在な道具を獲得したことになります。

生後数カ月の子どもが、発声に関係する器官を存分に使って、次第に喃語を発する能力が自分にあるということを発見している様子を見たことがあります。しかし、あまりにしばしば、あまりに長時間、子どもはおしゃぶりをくわえさせられていることが多く、これは発達上、非常に好ましくない結果をもたらします。おしゃぶりを吸い続けることによって、口は食べ物を取り込むためだけに使うものであるという、誤った印象を子どもに与えてしまうことになります。食べるということ以外に口の使い方があるということ、とくに他の人々とコミュニケーションを取るために、音を生み出すことができると気づくことが大事なのです。これは、吸うといういわば個人的な快楽のために口を使うことから、周囲と情報を交換し合うという社会的な喜びのために使う段階への移行といえます。それはまた、もの（おしゃぶり）によって喜びが引き起こされるのではなく人間とかかわることが喜びとなる段階への成長であるともいえます。子どもたち自身は周囲の人々とかかわり、コミュニケーションを取りたいと望んでいるにもかかわらず、その機会を広げる代わりに、それを制限するような、誤った形の快楽を追究するようにしむけるのは大人たちなのです。

母国語以外の言語を学ぶことについて

現代を生きる私たちにとっての課題のひとつは、母国語以外のもうひとつかそれ以上の言語を充分に使えるだけの知識を身につけることです。両親や教師は、子どもたちが2つか3つの言語を使えるようになることに大きな関心を寄せています。しかし、この目標を達成するためには、いつそれらの言語を教え始めるかを見定めることが決定的条件となります。この問題を考えるための手掛かりを、脳生理学に関する研究に探してみることにしましょう。

言語中枢は、右利きの人の場合は左半球に、左利きの場合は右半球にあります。このような左右の脳半球の機能の分化は、「脳の優位性（lateralization）」と呼ばれます。脳の左右の違いについての遺伝情報は、誕生したときから存在しています。9割の人は、言語中枢を左半球に持っていますが、右半球や左右両方に持っている人もわずかながらいます。新生児は一日の88パーセントを右を向いて過ごし、左を向いて過ごすのはたった9パーセントであるというデータからもわかるように、遺伝情報は誕生時から機能しています。さらに言語刺激が与えられたときには左半球に、音楽や他の非言語的な刺激の場合は右半球により大きな反応が見られます。

幼児期の間は、何らかの異常による必要性がある場合には、言語中枢がもう一方の脳半球に移動することがありますが、大人になると、この修復のメカニズムは見られません。

人間の脳の機能的な能力あるいは敏感期は、体内の生理学的な時間割に従います。子どもの持つ大きな可能性を引き出したいと願うなら、この点をよく考慮に入れるべきです。母国語以外の言語は生後数年の乳幼児に対して提供されるべきで、第二（あるいは第三、第四）の言語をひとり以上の人が、子どもに直接話しかけるかあるいはそのそばで話します。

仮に子どもたちのそばに2人、3人、4人あるいは5人の異なった言語を話す人がいて、それぞれが子どもたちにいつも自分の母国語で話すなら、子どもたちは取り立てて努力することもなく、それらの言語を吸収していくことでしょう。何らの困難もなく、学んでしまいます。その秘密は、子どもの心（mind）がとても特別な働き方をすることにあります。すなわち、混乱することもなく、翻訳する必要もなく、また母国語特有のなまりを持つこともなく、ひとつの言語からもうひとつの言語へと切り替えるメカニズムを持っているのです。しかしこれは、「子どもが言語習得に関して天才である時期」(注8) すなわち人生の初めの数年間にのみ可能なことなのです。

早く始めるほど良いでしょう。日本では、生後6ヵ月までの乳児に、一日3回英語のカセットテープを聞かせるというコースが最近開かれています。これらの子どもたちが3、4、5歳になって、英語の教師と接触するようになると、他の子どもたちより容易に英語を学んでいきます。この現象は、生理学的に説明することができます。言語中枢が生後数ヵ月の間に、英語の持つ発音上の特徴や様式を吸収してしまったのです。もし子どもの周囲で話されるのなら、他の言語でも同じことが起こり得ます。

子どもの脳は、生まれたとき（あるいはそれ以前）にはこれらの仕事をすべてする準備が整っており、さらに教授法は科学的にも有効と認められているものです。その方法とは「母親法（mother's method）」とでもいえるもので、直接話しかけたり、歌いかけたり、普通の生活のなかで子どもたちとかかわりながら、自然になされるものです。

私たちの経験によると、それぞれの言語がいつも同じ人によって話されることが、3歳以下の子どもたちにとっての絶対条件です。もし両親や祖父母が母国語以外に2、3の言語を流暢に話すならば、それぞれにどの言語をその子どもに対して使うのかを決めて、いつもその言語で話すようにしましょう。ことばは、すべての身体的特徴と同じで、人間を作り上げている構成要素の一部分なので、話すことばを変えると、子どもが非常に不安になり、コミュニケーションを取ることが難しくなります。

一連の科学的知識に照らし合わせて考えると、言語を習得するのに最高の時期を、言語中枢に充分な栄養を与えないままに過ごしていることに気づきます。ペンフィールド（Penfield）がさまざまな講演の折に繰り返し主張しているように、母国語以外の言語の教師は小学校に置かれるべきでしょう。後になってからでは、言語習得のメカニズムが、その驚異的な吸収力と感度とを失ってしまうからです。良い結果を得るためには、教育は科学的であるべきであり、成長している子どもにもともと備わっている特別な能力に従い、それを利用するべきでしょう。

言語を習得する上で、言語の様式（発音、話し方）を獲得することと語彙を豊富にすることとを区別する必要があります。前者は人生の初めの数年間にのみ完全な形で行われますが、後者はその基本的な様式を使いながらも一生涯続いていきます。

多くの言語を完璧に話せるということは非常に稀ですが、これは単に、人生の初期の段階で、多くの言語に接し、それを吸収する機会を与えることが難しいからなのです。しかし多くの言語を使えるということは、あらゆる人にとって当たり前のことであり得るということに気づくことが大切です。

現代の世界はとても小さくなっていて、人と人との関係が密接になってきています。その結果、コミュニケーションが取れて、理解されることが最優先課題になっています。20世紀初めに大衆に読み書きを教えることが必要になったように、現代はすべての人がいくつかの言語を話すことが絶対に必要です。教育の実践を時代に合ったものにするために、科学的研究の成果を十分に利用するならば、私たちに与えられたすばらしい脳は容易に奇跡を行うことができるでしょう。

マリア　モンテッソーリは、この分野の先駆者でした。彼女は子どもの自然な発達、すなわち敏感期を活用することによってのみ、人間としての潜在能力を充分に引き出す段階まで教育することができると明言しました。この潜在能力のうちでも、言語の習得に関する能力は絶大です。しかし私たちは、そのような大いなる財産である潜在能力に対して、好ましい条件を与える努力をあまりしてはいないことを認めなくてはいけません。私たちの大脳皮質は、まるで大きな洋服ダンスにたった一枚の洋服がかかっているようなものです。その一枚の洋服でさえ、あまり良質なものでないこともしばしばです。

再び、人間の脳と言語のメカニズムの偉大な研究者であるペンフィールドのことばを引用すると、「教師と両親は、新しい世代の教育に対して責任を持たなければなりません。そのなかには、それぞれの子どもの脳自体の条件を整えることも含まれます。脳がどのように、いつ準備されるかが、その人間に大いなる達成を約束するか、あるいは凡庸な程度に留めてしまうのかの分かれ目になります。神経生理学者にできることはただ、人間の脳は今日要求されていること以上のことに対応できるものだということを示唆することだけです。母国語以外の言語を与える時期と教育法を、成長し続ける子どもの脳の能力に見合ったものに改めなさい。そうすれば、自分の（子どもに対する）要求と期待とを二倍に引き上げることができるでしょう。」(注9)

出産準備中の両親のためのコースで、私たちはこの興味深いテーマについて話し合った結果、すぐにできることとして、母国語以外のことばを話せる人のもとに、週に数回3歳以下の子どもたちを集めることにしました。こうすることで、個人の経済的負担も少なくて済み、子どもたちも少なくとも第二の言語の知識を持って、小学校に上がることになります。このようなやり方は、現行の教育システムが人生の初めの数年間に存在する潜在力を驚くほど無駄にしていることを真剣に考慮し、先進諸国において別の教育方法が取られるようになるまでの暫定的な方法といえるのではないでしょうか。

近い将来、このような時代が来ることを願ってやみません。今より多くの言語を使えるようになって、人間同士お互いがより深く理解し合うことによって、確かに国家間の関係は良好なものとなり、地球の平和にさらに貢献することができるようになるでしょう。

第11章

最初の3年間に見られる発達の危機

はじめに

私たちの成長の過程には、発達の危機と呼ばれる特別な時期があります。この時期に、ある段階から次の段階へと成長していくので、発達上の大きな節目といえましょう。この時期をのりこえていくためには、それなりの準備をあらかじめしておく必要があります。そうすることによって、それぞれの発達の筋道に沿って成長し続けていくことができるのです。発達段階を経るごとに、私たちは年齢を重ねるばかりではなく、以前には持ち合わせていなかった心身の能力を身につけていくことになります。

「危機」（crisis）ということばは、問題が含まれているという意味でよく使われるので、「危機に直面している」というと、どのように解決したらよいのか見当もつかず、大変な試練や困難を目の前にして呆然としているというような否定的な意味に取られやすいのです。しかし、「危機」ということばの原語であるギリシャ語にはこのような意味はなく、「判断」（judgement）というのがもともとの意味なのです。ですから、「危機に出合う」ということは、テストに応じるというような状態を意味します。発達の危機においては、人間になっていく過程で、次の発達に必要な準備がどの程度なされているかがテストされているのです。この時期はもちろん特別な時期ではありますが、もし私たちがそれに対して充分に準備し、周囲の環境も好ましいものであれば、さしたる問題を引き起こすことはありません。

発達という長い過程において、人間は何回も「危機」を経験して、次の段階へと進んでいきます。これらは体験しなければならないことであり、経験せずに迂回してしまうことはできません。もし前段階ですべてが発達の計画通りに進んだのなら、その人は困難もなく、精神的な打撃を被ることもなく「テスト」をのりこえ、結果として自分がもっと成長していることに気づくことになるでしょう。この「危機」をのりこえたときには、ただ単に時間が経過しているばかりでなく、自分の可能性が広がり、人間としてさらに充実し、もっと人生を謳歌することができるようになっているはずです。

乳幼児が発達に従ってどのように刻々と変化していくのか、また発達上遭遇する特別な時期を知ることがどれほど重要なことであるかを認識するために、両親や周囲の大人は発達の危機について理解することが大切です。発達につれて変化していく心身の要求に適した援助ができる環境が準備されていれば、子どもたちは順調に次の段階へと成長していくことができるのです。

誕生という危機

誕生は、妊娠中に育まれたことが充分であったかどうかが試される最初の大きなテストです。臍の緒が切られ、母親の身体から離れた後でも自力で生き続けるためには、新生児はいくつかの器官がうまく機能していることを明らかにしなければなりません。まず新生児は自分で呼吸することができ、それからすぐに食べ物を取り入れ、消化することができなければなりません。さらに母乳には不足しがちなので蓄えてきた鉄分と、外界のさまざまな病原菌に対抗するための抗体とを体内に準備していなければなりません。注目すべき点は、新生児のそうした新しい機能が、子宮とは全く異なった環境のなかで働かなければならないということです。胎児期を支えていたもの、たとえばほどよい暖かさの羊水、臍の緒、胎盤などは新しい環境にまでついてくるものではありません。これらすべてをぬぎすてて、子ども自身のみ外界へ出てくるのです。このような根底から覆されるような変化は、ほかには死に際して見られるだけでしょう。死においては、まさにこの身体をも置いていくのですから、携帯するものは誕生のときより少なくなるわけです。

以上の事柄について考えてみることは、意味のあることだと思います。なぜなら、誕生の際に起きる大きな変化のなかに秘められた肯定的な側面に注目すべきだからです。誕生は、成長し続けるにはあまりにも小さくなってしまった世界から離れて、自立していこうという積極的な姿勢を象徴しています。ですから誕生ということ自体が、自分自身の成長にとって役立つ環境を確保するために未知なる世界へと果敢に向かっていくことの必要性とともに、その挑戦が可能であることをはっきりと示しているのです。誕生は、質・量ともにより充実した人生へ向かおうとする前向きな衝動だといえます。さらに誕生においては、新しい環境に入って多くの新しい事柄を体験してさらに充実していくために、不要となった過去を捨てていかなければならないのです。

新生児は子宮から外界へと移動し、さらに外界へ適応するという大仕事を成し遂げるわけですが、決してそれをたったひとりでするわけではありません。自然は、子どものために特別な援助を用意していますが、それは主とし母親に関係します。母親はこれまでとは違い、新しい状況に合ったやり方で新生児を引き続き応援する役割を担っているのです。それは、母体のぬくもりと新生児のために特別に調合された唯一の食べ物（母乳）の生産です。これらのお陰で、誕生というトラウマ（心身の外傷体験）が、肯定的な危機へと変容するのです。ここでは、子ども自身が生まれながらに持っている要素と周囲の大人から与えられる要素の両方がうまく噛み合って機能しています。たとえば、母胎内にいる間に消化管が完全に形成されてはいますが、誕生後運動の調整がまだうまくできないので、新生児が母親の乳房に吸いつけるように手助けをすることが必要です。母と子は、これ以降の人生を生きるために、（誕生後）もう一度一緒になるようにできているのです。自立という点から見れば、誕生の時点では不完全ですが、大切な出発点として認められるべきです。ですから周囲の大人は、新生児に対して活動の場を与えることと自分でできることは自分でするように支援し、できないことは手伝うという姿勢をとることが必要です。次に、胎児にとっての子宮と同じ役割を引き受けて、より大きな発達の可能性を与える別の場所が必要になるときまで成長を促す特別な場所を提供することです。

誕生という発達の危機について、その全容はまだ理解されているとはいえません。新生児の方は、申し分なく準備してきたにもかかわらず、心理的にも身体的にも必要な手助けについてはすべて受けているわけではないのです。たとえば、一人の学生が試験を受けに来たとして、彼は一生懸命準備してきたにもかかわらず、試験官が彼に答弁させず、授業にはなかったテーマについて質問をしたとしたら、その学生はどうなることでしょう？　そのかわいそうな学生は答えることもできず、丁寧に準備してきたものが一切使えずに悲嘆にくれてしまうことでしょう。

これがまさに、自分の能力のすべてを充分に発揮することもできず、その環境にかかわっていきたいという要求も理解されないでいる多くの新生児の姿です。私たちは実にしばしば、乳幼児の知的な活動が発揮できない状況をつくったり、彼らの持っている技能を過小に評価したりしがちです。乳幼児の生活は一見同じようであっても、発達し続けるのに必要なことはそれぞれに異なった方法で表現されることに気づけるようでなければなりません。

外界とのつながりは、初めは臍の緒という形をとっていたわけですが、今では息をしたり、乳房を吸ったりする口を通してなされます。これは、発達における口唇期の始まりです。こう呼ばれるのは、口が子ども自身の内側と外側との境界であり、酸素や食べ物を受け取るために外界と接触する特別な場所となるからです。以上のことは身体的な生活を成り立たせるために必要不可欠なものですが、口は世界を理解したり、精神的な充足のために必要な感覚的な情報をも受け取っています。これは、外界と関係していくためのひとつの方法です。誕生後も子どもたちは、成長のために私たちの手助けを必要としているという基本的な関係は変わりません。ですから、今私たちにできる手助けは何かといえば、新生児が自分の新しい能力を使えるように、何をさておいても彼らが体験している発達の危機がいかに重要であるかを認識することなのです。周囲の大人は、新生児をちっぽけで、無力な人間であるなどと思ってはいけません。彼らは、大きさとしては小さいけれども、測り知れない知的能力と多くの身体的能力も兼ね備えたひとつの人格なのです。環境が「いのちのふしぎ」を表わすように助けるものとなり、「こどもの潜在能力があらわれてくる環境（unveiling environment）」とマリア　モンテッソーリの呼ぶ環境においてのみ実現します。

生命を援助するためには、もちろん愛情が必要です。しかし、誕生という発達の危機に際して、その人間が持つ大きな潜在能力に対して本当に応えるような良質の援助をしようとするならば、子どもに対する的確な知識に裏打ちされた愛情が必要なのです。誕生の後に続く母子共生期におけるすべては、母親やこの期間中そばにいる大人たちが自分自身を充分に準備しているかどうかにかかっています。なぜなら、（子どもが）必要としていることをまさにそのときに、大人が与えなければならないからです。母子共生期という2ヵ月ほどの短期間に獲得され得る重要な事柄、すなわち世界は自分が必要としていることに応えてくれるという基本的信頼感と子どもの心身の統合については、すでにお話しました。これらのことは、子どもをただ身体的に誕生したという次元からひとりの個性ある人格になっていくという次元へと引き上げ、これからどのような人間として成長し続けていくかを決定するのです。このように、援助された人間は、人生のなかに設定されている人格の成長にとって貴重な機会である、他の発達の危機にも立ち向かう準備ができているのです。

離乳という危機

二番目に訪れる大切な発達の危機は、離乳という危機です。この危機は、ミルク以外の食べ物を食べて消化する能力に関連した身体的な変化がいかに重要であるかを示しています。さらに自分自身と外界に対してもう少し高い意識を持つという心理的な変化をも含んでいます。この変化によって子どもは、世界は自分とは別のものであり、観察して知ることのできる「対象」として自分の目の前にとらえることができるものであると理解するようになります。

この危機と食べ物との関係はとても興味深いので、それについて考えていきましょう。

離乳は、母乳という特別な食べ物を必要とする時期が終わるということを示していて、およそ生後8、9ヵ月で完了します。この時点で、子どもは事実上大人が食べられるものは何でも食べられますし、お皿から食べ物を取って、口に入れて咀嚼するというように、自分自身で食べることができるようになります。これは大人の食べ方とよく似ており、吸うことによって摂取できる流動物のみを消化する時期は完全に終わり、それと同時に、食事をする際に身体を大人に密着させる必要もなくなったことがわかります。

8、9ヵ月のこの時期、子どもは這い這いをしてよく動き回ることができるようになります。這い這いができるようになることで、子どもは自立へと大きな一歩を踏み出すことになります。なぜなら、大人の手を借りずに、自分で母親から身体的に離れることができるようになるからです。もちろん動ける範囲はそれほど大きくはありませんが、自由に「離れる」ことができるということにとても大きな意味があります。それと同時に子どもは、自分にとって大切であり、いつも喜びを与えてくれる母親のもとに、自分が望めばいつでも戻れるという自分の力をも試しているのです。新たに身につけた食べ物を消化する能力と自由に動ける能力によって、子どもは肯定的な形で自分を（大人から）分離し、さらに成長していくことができるようになります。これは大きな変化のときであり、大人が充分に理解しなければならないことです。

おそらく、もっとも理解しにくいのは、人生の初めの数ヵ月間に急激な変化が起きることでしょう。完全に大人に依存して、多くの手助けが必要な新生児という段階から大人と同じものを食べ、空間を自由に動き回ることのできる9ヵ月の子どもへと発達するのですから。身体は依然として小さいものの、充分に発達している脳細胞は日を重ねるごとにさらに機能を拡張していきます。そして機能するものは、使われなければなりません。

ここが、周囲の大人が完全に責任を負わねばならないところなのです。結局のところ、もし哺乳瓶で食べ物を与え続けるとしたら、歯がはえて、複雑な食べ物を噛んで消化することを覚えることにどんな意味があるというのでしょう？　そして、ベビーサークルや他の檻のようなものに入れられるとしたら、空間を動き回れるようになることにどんな意味があるのでしょう？

ほとんどの場合、あまり気づかれずにあっという間に過ぎ去ってしまう内容の濃い発達の時期をいかせるように、発達に見合った正しい形で乳幼児を手助けできるのは、子どもをよく理解しているほんの一握りの大人だけです。結局のところ、乳幼児が実際の身体的能力よりずっと低いレベルに留め置かれることが多いのです。このような場合は、とりわけ表面には現れにくい、心理的にマイナスの影響を子どもに与えることになります。

子宮の外で過ごす最初の9ヵ月を、私たちは「体外での妊娠期間」と名づけていますが、この時期の間に母体内での妊娠期間が終わるのと同様に、乳児が「第二」の誕生ができるように手伝わねばなりません。第一の誕生の際に臍の緒の代わりとなった母乳は、今はお役御免となって、乳児自身の手と歯のはえた口を使って食べ物を噛むという、今までとは違った食べ方に移行する必要があります。子どもが生物学的に見て成長していることが明らかであるにもかかわらず、母乳へ固執するように仕向けることは、人間を少しずつ大きな目標へと向かわせる発達の知恵に反します。

発達には事実上次のような原則があります。ある時期まで必要で、なくてはならないものも、その時期を過ぎると時代遅れになるということです。不要になったものに固執し続けるのは無駄であるばかりでなく、実は発達を妨げることにもつながります。人生は後戻りせず、賢明な手助けを添えることによって、より大きく、より良いものに向かって進んでいく必要があります。しかし、子どもはすでに離乳をして、安全な空間を這い這いで自由に動き回ることができるようになっても、母親との関係を断ち切ることはしません。母乳による育児を何年間も続けるべきだと主張する人たちは、このことを危惧しているようにみえますが、実際には母子の関係は、以前とは違った形で続いていきます。肌と肌との直接的な接触は以前より少なくなりますが、視覚や聴覚のような遠くから情報を収集する感覚器官を通しての接触がより多く必要とされる関係へと変容します。母子は同じ空間にいても楽しく過ごし、世話をするときには顔と顔を合わせる関係を楽しみ、抱き合うときは肌を触れ合うこと自体を心から堪能します。

子どもは以前より成長し、またもっと成長するために、新たに獲得した能力を使ってみることができるように自分が自由に動ける空間を確保しつつ、「一人でいるということと誰かと一緒にいるということ」との間のバランスを取ろうとしていきます。

生後8、9ヵ月頃になると、子どもたちは自分の生活空間に見知らぬ人々が入ってくると特徴ある反応を示します。「人見知り」と呼ばれるこのような反応は、見知らぬ人を見た途端に怖がる（泣くことすらありますが）ということと安心を取り戻すために母親を探し求めることが特徴です。しかしこれは、この時期の子どもたちが他人に対して恐怖心を持っているからであるというように、否定的に解釈されるべきではありません。むしろ子どもが、自分を母親や周囲の大人とは別個の存在であると認識できるようになったということで、より良い自己意識を得た結果であるという肯定的なサインとして受け取るべきでしょう。実際に子どもたちがこのような怖れを示すのは、知らない大人があまりにも自分の近くに寄って来て、抱き上げたり、あるいは抱きしめたりするときだけなのです。もしあなたが見知らぬ人からこのような扱いを受けたら、受け入れられますか？　あらゆる生き物は、自分の居住空間で安全であると感じる必要があります。これは許可なく誰かが入りこんだら、私たちの生活が侵害されたと感じられる個人の最低限の安全圏なのです。もし誰かの家に入りたかったら、玄関の扉をノックして、相手が扉を開けるのを待たなければなりません。そうでなければ、その訪問は家宅侵入になってしまうのですから！

私たちの長年の経験では、大人がほどよい距離を保つだけの敏感さを持ち、不用意に話しかけることをしなければ、この年齢で人見知りを見せた子どもをついぞ見かけたことはありません。子どもにはその大人を観察し（たいていの場合非常に真剣に観察するものですが）、その人に対してどのように反応するか自分で決定する機会が与えられなければなりません。もしその大人を受け入れたら、子どもはニッコリすることでしょう。その時点で、初めて大人はほんの少しだけ近寄ることができます。いかなる場合であっても、子どもが他の人と接触を持ちたいという願望を自分からはっきりと示す前に、大人が子どもに触れようとしてはいけません。

これは、おかしなやり方でしょうか？　生後9ヵ月を迎えた子どもたちは明確な自我を持った個人なのです。自分の個人的な空間、すなわち自分の身体が占める空間を確保したいという基本的な欲求が幼い子どもにもあるにもかかわらず、物のように勝手に持ち上げられたり、降ろされたりすることに彼らは耐えられません。子どもたちは他の人とかかわったり、接触したりすることが大好きですが、この年齢では、彼らが良しとしなければ彼らとかかわることはできません。子どもたち自身が明らかな許可を出さなければ、誰も彼らに近づけないし、触れることもできないと子どもたちは感じています。怖がったり、泣いたりするのは、大人たちが子どもを自分の意のままにしようとするあまりの押しつけがましさに対する戦慄にも似た反応であるのだと合点がいきます。

この際の怖れるという反応は、子どもに社会性が欠如しているから起きているわけではありません。それどころか子どもたちはいつも人とかかわりたいと思っているし、つねに新しい刺激となる周囲の人々に興味を持っています。子どもを怯えさせたのは、私たち大人が誤った行動を取ったからにほかなりません。この年齢の子どもはすでに自分と世界との間の境界について非常にはっきりした意識を持つほどに成長していて、必ずその境界が尊重されるように、境界に対する充分な監督権を持ちたいと思っています。この時期は「自分と世界に対して明確な意識を持つかどうかが問われる危機」とも呼べるかもしれません。この時期の子どもたちは周囲で起きていること、すなわち大人の行動の意味、時の経過（典型的な例は、両親や兄弟が通常帰宅する頃に子どもが玄関の方を見ること）やことばをよく理解しているので、私たちはもっと注意深くなければなりません。この危機もまた、より進んだ段階へと発達する節目のときであり、人間にとって心身両面にとって大変重要な時期なのです。

新生児が何らの介助なく呼吸できることがわかったときに嬉しかったのと同じように、今、子どもが母乳なしで生きられて、母親から離れる（ほんの何十センチのことなのですが）ことができることを大いに喜ぶべきです。ほんのわずかであれ、この分離を受け入れるということは、人間がだんだんと自分自身になり、この平等な社会のなかにあって独自で、唯一の個人であることを自覚するために歩むべき道のりを受け入れることを意味しています。私たちの助けは依然としてなくてはならないものなのですが、生命の新たな要求に見合ったものである必要があります。この時期の子どもたちは、第二の誕生に向かって必要とするすべてのもの、すなわち大人と同じ食べ物を消化する能力、空間で自由に動く運動能力、混乱することなしに他の人たちと一緒にいることができるように、自分と外界とを明確に区別できる自己認識する能力が試されるのです。

この危機もまた、個人が進化していく上で大切で、建設的な一時期です。この時期には、関係のあり方を変えるために食べ物を変える必要がありますし、子どもたちが自分自身で何かができるということを実際に試してみるために、限られてはいても安全な空間のなかを自由に動けることが保証されなければなりません。

このような能動的な活動は、肯定的な自己イメージを作り上げることに役立ち、いったんできた自己イメージはこれ以降の人生でずっと持ち続けられることになります。子どもの手助けをしている母親や周囲の大人たちは、食べ物を提供することによって、身体を作る手助けをしていますし、また、人格の心理的な特徴を形成する手助けもしているのです。

「体外の妊娠期間」を終える頃には、子どもは環境と自分自身に対する基本的信頼感を育んでいなければなりません。この信頼感を持つことによって、自分と他者とを認識し、安全に楽しく前進していくことができるようになります。他の人々と一緒にいて居心地が良いと感じるためには、まず自分自身、居心地が良くなければなりません。社会生活も喜びであり、わが家に帰ってくることもまた喜びです。つまり二つの状況は同じように重要であり、相互に豊かさを与え合うのです。しかし楽しく外に出て行くためには、自我が守られていなければなりません。自分の居場所の範囲が完全にわかり、自分でその境界を制御できると感じられるような安心感が得られるのは、この離乳期においてなのです。

人間の将来にとってこれほど重要な事柄が、9ヵ月という短期間に獲得されるということ、そしてそれらが食べ物を与える方法やある程度限定されてはいますが活動の自由を与えるといった、簡単なことによって成しとげられるということは信じ難いことかもしれません。しかし、いのちは簡単な道具を使ってすばらしいことをするものです。巨大な木も、小さな種とわずかな水と土と太陽の光から育つのだということを決して忘れてはなりません。このいのちの源がすべての生き物の発達のなかで働いているのに気づくとき、とりわけ人間の発達のなかでは特別な形で現れるのを見るとき、そのふしぎさには、いつも驚きを感じます。

これらの驚きに目を向けることによって、人生の初期にいる子どもたちに対して適切な援助ができるようになります。離乳期には、食事の介助や運動をするときに自然に生じる分離という体験を促すように心掛けることが大事です。親や大人のもとを離れるようになっても、この時期の子どもたちは抱き締めてほしくなって、おそらくひんぱんに大人のもとへ戻ってくることでしょう。しかし、それほど長くはそこに留まりません。元気づくや否や、子どもたちは動きたいという強い内的欲求に応えて、探検へと再び旅立っていきます。このような行動パターンを認め、子どもの求めにすぐに応じられるように、大人は自分が今していることをちょっと中断する覚悟を持たなければなりません。なぜなら幼い子どもは、時間の概念を持ち合わせてはいないのですから。

「5分待って。そうしたら抱っこしてあげる」と言うのは、子どもが寄って来ることを拒否しているのと実は同じことなのです。なぜならこの発達段階にある子どもの接触したいという要求は、まさにそのときにだけ満たされるものであって、約束では満たされないからです。たとえあなたが後で子どもと一緒にもっと多くの時間を過ごそうと考えているとしても、それは子どもにとって何の意味もないことなのです。その代わりに今ちょっとだけ手を休めて、子どもの要求に応えるべきです。その後すぐに子どもは、「あっちへ行って」というような素振りをすることでしょう。このようなかかわり合いは、かなり煩わしいことに思えるかもしれませんし、まるであなたが子どもの奴隷にでもなったかのような気分になるかもしれませんが、決してそうではないのです。子どもが人とつながりを持ったり、あるいは離れたりするという両方の状況に対して最終的に適切に対応できるようになるまで、愛着と分離とはどういうものなのか絶えず試さずにはいられないというこの発達段階における課題の特徴なのです。

このような子どもとのかかわり合い方をするのも、より高度な自立を獲得することをめざした一時期のことであると理解するのが賢明です。その後2、3ヵ月もすれば子どもたちは歩くようになって、すぐに私たちと並んで作業をし始めることになります。協力という形をとって、子どもたちは周囲と新たにつながっていくことになるのです。

もうひとつよくありがちな誤りは、母乳（すでに必要でないものですが）を飲ませ続けようとしたり、あるいはいつも助けてくれる大人なしではやっていけないと子どもに思い込ませることによって、子どもを必要以上に自分のそばに長く引き留めたいと望むことです。すべてのことに変化すべきときというものがあるので、子どもの本当の能力にそぐわないような依存状態に子どもを引き止めることがないように注意すべきです。万が一このようなことをすると、個人の成長は妨げられ、年齢にふさわしい心理的な発達をしないまま何ヵ月も過ぎてしまうことになります。

私たちは、いつでも子どもとかかわれるようにしていなければなりませんが、そのかかわり方は変わっていきます。かかわり方を変えていけるときのみ、私たちは子どもの成長のために本当の援助をしているといえるのです。

反抗という危機

第三の発達の危機は生後30～36ヵ月に起こり、人格を形成する初めの基本的期間を締めくくります。この時期は一般には反抗期と呼ばれていますが、この用語はあまり正しいとはいえません。なぜなら、実際には発達上非常に意味のある時期であるにもかかわらず、否定的な含みを感じさせることばだからです。この危機は、子どもが真に人間になっていく過程でさらにもう一歩大きく自立へと前進したことを示しています。

3歳頃になると、子どもたちは大変流暢に話せるようになり、自分自身のことを「私」という代名詞を使って言い表せるようになります。自由自在に動き回ったり、走ることさえできるようになり、自分たちの世界を正確に把握できるようになっています。彼らは今では一人前の人間であり、自分でも大きく成長したことをよく知っています。ですから自分がひとりの人間として認められることを期待し、望んでいます。

この危機は、子どもたちが大人が求めるのとは全く違った自分のやり方で行動することができるということを証明しつつ、大人が提案するほとんどすべてのことに対して、「イヤ」と言い始めるときに始まります。一般的にこの変化は突然起きるので、両親の多くが驚愕し、「こんな子どもは私たちの子ではない！」などと口走りそうになるほどです。実際に、いつまでも子どもは小さくて、大人から指示されたようにしなければならないと強調し続ける大人のやり方を、子どもはもはや受け入れられなくなっているのです。この時期の子どもは、自分の自我をきちんと考慮にいれて、自分に関係することについて決めるときには自分の意見を聞いてほしいと思っています。彼らが決定権を行使したい事柄は、食べることや衣服を着ることなどいつも日常の生活に関する簡単なことなのですが、実はこれらの行動ひとつひとつの裏に、自分とその環境とのかかわり方が隠されているのです。

もし私たちがごく初期から子どもの能力を理解し、子どもに見合った日々のさまざまな活動を子どもと一緒にしようと努め、子どもが成長するにつれて協同の作業を増していくならば、おそらく反抗期などというものは起きはしないでしょう。自分の自我の要求が受け入れられていれば、自分を認めてほしいと戦う必要もないのです。たとえば、子どもと一緒にコートを着て外出しなければならないとき、優しく尊重の思いを持って子どもに、「私たちと一緒に出かけない？」と声をかけ、子どもが自分で出し入れできるコート掛けに掛かっているオーバーを取って、着るように誘うべきなのです。このやり方は、私たちがただ子どものコートを取って、何の説明もせずに子どもに近づいて、捕まえて、一方的に「これからおでかけしますから」と言いながら強制的にコートを着せようとするよりは、断然良い方法です。強制的な態度をとっていると、子どもは3歳頃になると猛然と反抗をし始めます。権力闘争が火を吹き始めるのです。大人は荒々しいことばかけや強引さで、一時的に反抗を抑えて自分の言う通りに子どもを動かせたように見えるかもしれません。でも実のところ、子どもは自分がすでに成長して決定を下す力があり、自分の意見は考慮されるに足るひとりの人間として認められているのだと感じる貴重な機会を失うことになるのです。子どもの自我にとって必要なメッセージは、「あなたはここで大事な人で、私たちがすることにはあなたの了解が必要です。あなたは軽んじられることはなく、ここでの生活に参加することができます」ということです。子どもが「イヤ」ということの背景には、子どもには自分に関連する多くの問題をある程度解決できるようになっていると認められたいという欲求があることを理解しましょう。そうすれば、今よりももっと多く子どもの意見を取り入れることができるでしょう。ここで誤解があってはいけないのは、子どもに何もかも決定させるべきであるといっているのではないということです。考え方として、単に命令を発することは避けて、できれば二つの選択肢から選ぶ余地を子どもに残すのです。たとえば、「オーバーコートを着ますか？　それともレインコートにしますか？」と、子どもに選ばせることもできます。同時に、たとえ大人は別な方がいいと思っても、子どもが選んだものが何であれ、それを着て出掛けるのだという、子どもの選択を受け入れる心の準備をしておくことも必要です。

この段階で本当に重要なことは、家族のなかでその子どもの存在が大事であることを子どもが実感できるように手助けをすることです。このことに関して子どもが自信を持つや否や、彼は「イヤ」と言わなくなり、私たちと一緒に平和に作業をし続けることができます。本当の協力とは、権力に押さえつけられていると感じることなく、自由に自発的に貢献できる人々からのみ得られるものです。自由であるときにのみ、選択することができるのです。

反抗期以前でも、大人は今までとは全く違うことばのかけ方を学ぶ必要があります。子どもに対して小さいという偏見を持たなくなるときに初めて、別のことばかけの仕方を身につけることができます。繰り返し申し上げますが、実際に小さいのは子どもたちの身体だけであり、彼らの精神や物事をする能力が小さいのではありません。実際のところ、彼らの能力は周囲によって活用されているとはいえません。私たちは、これらの驚くべき人間たちをその運動能力においても、言語能力においてもふさわしくない依存状態にしたままにしているのです。子どもが周囲で何が起きているのか理解し、そのことについて考え、選択し、子どもの存在が正当に受け入れられる機会は、日常の生活のなかに数多くあります。すべての人間が自由人であるために不可欠であると感じている決断力を養っていくことにつながります。

「ビスケットを食べる？　それともハチミツを塗ったパンがいいですか？」

「ジャガイモかニンジン。どちらを茹でたらいいかしら？」

「どちらのテーブルクロスを敷こうかしら？　緑の方？　それとも白い方がいい？」

「動物園か人形劇に行こうと思うのだけれど、どちらに行きたい？」

選択肢を与えることで、何かを失うという危険を冒しているわけではないことは明らかだと思います。できれば、二つの選択肢を与えるのです。それによって子どもは、私たちが子どもを選択のできる存在であると見なし、彼の判断を尊重しているることを実証しているので、とても多くのことを得ることができます。こうすることによって、子どもの自我が成長するのです。正しい意味での強い自我が、しっかり育つのに役立ちます。私たちがめざしていることは、人から尊重されることを経験することによって、他の人々や環境を尊重し、責任を共に分かち合える人間を育てることなのです。心理的な働きからいえば、「ビスケット」と「ハチミツつきパン」とどちらが良いか決めることと、もっと後になって、太陽熱と原子力とどちらを利用するかを決定するのとでは、全く違いはありません。決定を下す人がその決断の結果にまで考えを及ばせることを学んでいる場合のみ、良い選択をすることができます。

私たちの0～2歳児の保育施設（Infant Community）では、大人たちが可能な限りあらゆる事柄について子どもたちの意見や決断を求めるようにとくに配慮するので、子どもたちは民主的に力を使うことを学んでいきます。だからといって、子どもたちがやりたい放題をするというわけではありません。実際の状況（ビスケットかハチミツつきパンしかないので、他の物を望むのは無理だという状況）のなかで選択肢を与えることから始めます。もし子どもが、今はないけれども買うことは可能なものをほしがる場合には、「今はないけれども、一緒に買い物に行くときに言ってちょうだい。そのとき買いましょう」と言うことができます。反抗期ではなく、「自我の認知における危機」と呼ぶ方がふさわしいこの時期には、人に対する尊重と思慮深さと協力とを合わせ持つ対応のみが有効なのです。この時期は、より高い次元へと成長するための過渡期であり、子どもが年齢も進み知恵も進み人格的にも成熟し成長し続けていることを思い、両親も喜んで然るべき時期なのです。

3歳ともなると、子どもはますます大人と対等な関係を持てるたいへんな存在なのです。読むことを学んだり、他の文化的な能力を獲得するなど大事な知的活動を始めることもできます。日常生活のさまざまな活動に参加することによって、子どもの運動能力がよりいっそう研ぎ澄まされると同時に、反抗の本当の意味を理解しない周囲の大人と終わりのない戦いを繰り広げて燃え尽きてしまうのではなく、自分は認められていると感じて自我が安定するなかで、子どもはその大きな知的エネルギーを使って学び続けることができるのです。子どもたちが自分は選択することができると信じて、民主的なやり方を選べる家族のなかでの人間関係を求めての戦いが続いているということなのです。

子どもたちに人生とはつねに葛藤であり、自分を主張しようとすれば、いつも他の人々に反抗しなければならないと思わせてしまうのは、人類の将来にとって大変危険なことです。個人を尊重しつつ、共に生活するすべての人たちが自分の意見を述べ、そのなかで決断を下していくという人間関係のあり方のモデルを提供することが、子どもたちと人類の未来にとっての私たちの責務です。これらのことはとても早く、実は誕生のときから始まります。3歳までに、子どものなかに人間に対する行動の基準というものが育まれてしまいます。子どもは自由と尊重とを欲しています。私たちはこれらの価値観が実際に機能している家庭や社会のさまざまな集団を作り上げていかなければなりません。

反抗期と同じ時期に、子どもはちょうど時間の概念を持つようになり、過去と未来とに自分を何らかの意味で結びつけ始めます。ですから、子どもと約束をするときには充分気をつけなければならず、約束をしたら守らなければなりません。このような行為によっても、子どもたちに彼らに対する尊重と配慮とを示すことができます。子どもたちは小さくて、すぐに物事を忘れてしまうだろうと考えるのは、子どもの能力をひどく見くびっています。約束を守ることが本当に無理ならば、謝って、他の選択肢を提案しなければなりません。子どもたちは寛大で、私たちに完璧を求めてはいません。それよりもむしろ、（状況がどうであれ）協力してやっていきたいのだという私たちの意思を示すような正直な関係を期待しているのです。

教育とは難しいものです。なぜなら、教育の現場で私たちは自分のエゴに直面し、自分が言っていることを本当に信じているのか、すべての人間が大いなる可能性を持つと本当に信じているのかどうかを自問自答しなければならなくなるからです。一緒に生活している子どもたちが、生命の援助を受けられる雰囲気のなかで成長できるようにするためには、大人は自分自身を変えようと決心しなければなりません。

すべての家庭と学校などの組織は、そのすべてのメンバーに対して教育を行っていくわけですが、大人には環境を変える力があるのですから、すべての人の成長にとって好ましいようにその力を使わなければなりません。身体の成長はあるところまでいって止まってしまうのとは対照的に、精神は人生最後の瞬間まで成長を続けます。適切な人間が（援助者として）介在すれば、あらゆることが可能になります。危機と呼ばれる時期は、子どもたちにとってばかりでなく、彼らにかかわるすべての人々にとって、変わるための良い機会なのです。いくつかの発達の危機をのりこえることを通して、子どもたちは次の段階へ成長し続けるために必要な新たな身体的心理的能力を得られたか、年齢においてばかりでなくいのちの質において向上したかがつねに問われているのです。

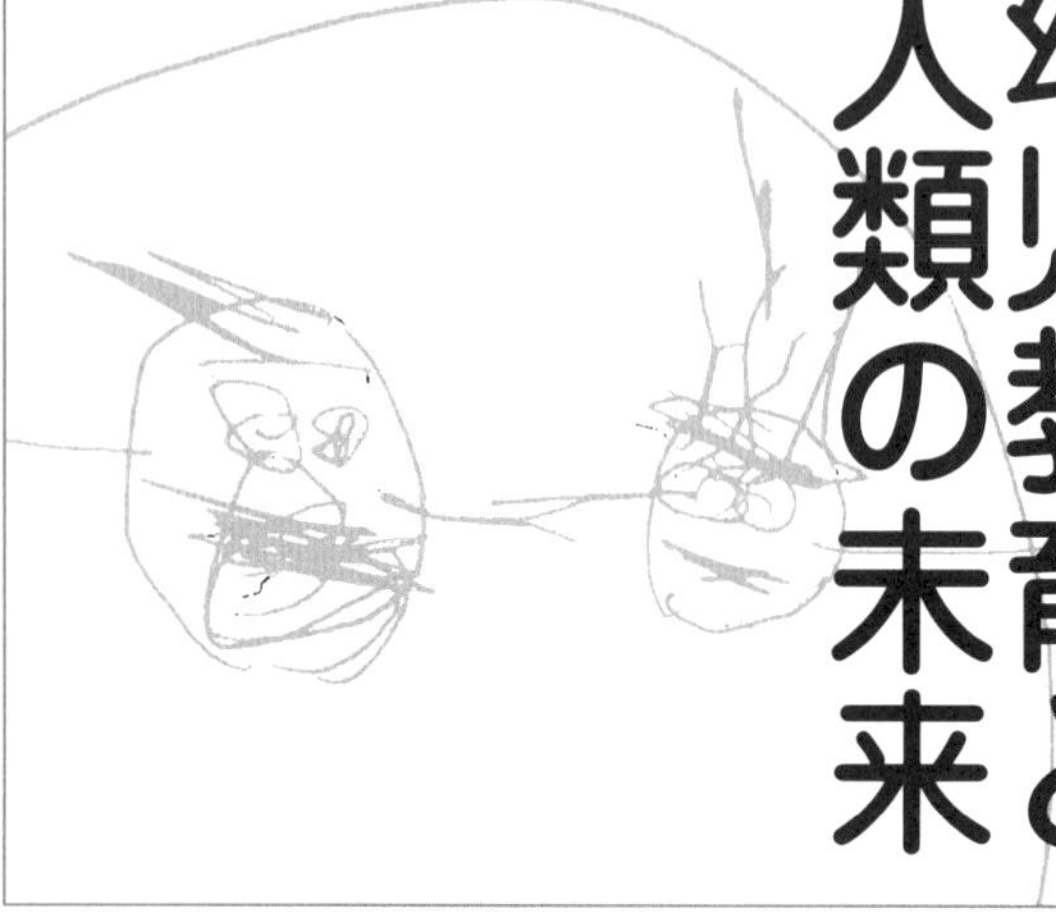

第12章 幼児教育と人類の未来

終わりに

人生の初めの数年間に良き援助があれば、子どもは3歳にして堂々とした人間に成長しています。自分の意思をはっきりと伝えることができ、実際の生活に必要なあらゆること（衣服の着脱や手を洗うなど）をすることができ、周囲のさまざまな活動に実際に参加でき、「なぜ？」「何のために？」と思わず問うような論理的な思考も育っており、あらゆる意味において自分というものをはっきりと認識しています。さらに3歳児は、どのようにしたら自己実現できるかを大人がきちんと示せば、その大人の導きに積極的に自然に従うこともできます。

私たちの目の前にいる3歳の子どもの姿は、まだまだ幼くはありますが、自分の力を絶えず使うことによってのみ満足し、その心は環境のなかのあらゆることを吸収する、快活で疲れを知らない働き手です。

このような子どもは、どんどん前進していきます。あらゆる文化的なことに興味を持つようになります。でもまず手始めに学ばなければならないのは、読むことです。読むことによって、自分の質を飛躍的に高めることができるようになるからです。もちろんこれは、従来の小学校が採用してきたやり方とは全く違う方法で教えられるべきでしょう。読むことによって、子どもは自分を成長させていくことができ、さらに文字で表された周囲のあらゆる情報の恩恵に浴することができるので、読めるようになることはとても必要なことです。

もっと幼い時期には、自分の身体を自由に動かすことによって子どもの心身の成長が促され、自発的に活動する自信も得られました。3歳になると、子どもには文字という象徴を使って活動する自由が必要です。それにより文字、すなわち記号化された言語によって表された知識を得ることができるからです。

生前マリア　モンテッソーリは、人間の持つ潜在力が完全に開花するように配慮されたなら、小学校の課程は何年も早く終了するであろうと考えていました。

3歳児が本来あり得べき姿と現在一般的に見られる状態とを比べてみると、人間の全体的な発達がどれほど妨げられ、どれだけ本来の姿から逸脱しているかがわかります。

周囲の無理解に対する単なる抗争が原因で引き起こされている精神医学的症状や「欠陥」（依存や怠惰）が、実はたくさん見られるのです。これらの事実は、子どもの持っている大切な人間としての資質が失われていることを示しています。

人類の未来がすでにどれほど危ういものにされているかと思うと、恐ろしいばかりです！

3歳になったら、子どもは家庭よりも広い環境に入ることが望ましいのです。しかしその環境は、子どもの発達に見合った配慮ができる大人や同年齢の子どもたちがいるばかりでなく、子どもたちの精神に見合ったさまざまな発達のきっかけを提供できるように特別に考えられた環境であるという意味で、恵まれたものでなければなりません。そのような環境が、マリア　モンテッソーリが設立した「子どもの家」と呼ばれる、子どもの教育のための最初の試みとしての環境です。ここで彼女は、子どもたちの持つ知的、道徳的能力について驚くべき発見をしました。その時点まで、これらの能力が発揮されるような環境はありませんでした。

マリア　モンテッソーリは子どもの秘密を明らかにしたのは子どもたち自身であると主張し続けましたが、そのように準備された環境がなければ何も発見されなかったことはいうまでもありません。

3歳児という人類のなかでもっとも大切にされなければならない子どもたちを教育するという仕事は、学校のなかでもっとも訓練された先生に任されるべきです。先生は好奇心とエネルギーに溢れた子どもたちを理解し、子ども一人ひとりが発達できるように、それらに見合った手助けの仕方を見つけださなければなりません。ですからまず先生たちは、子どもたちをよく知らなければなりません。つまり子どもたちが何を必要としているのかを理解し、それに応えるだけの的確な教育的技能を身につけていなければならないのです。

3～6歳までの間、子どもたちはそれまでに獲得した能力を確実に自分のものにしつつ、文化にとって欠くことのできない道具である読み書きを身につけていきます。発達上重要なこれらの事柄に向かって、いったい誰が子どもたちを導くのでしょう。大人は子どもの要求にすぐに応えなければなりませんが、たいていその時期を見逃してしまいます。なぜなら、現行の教科課程ではどうしても後手になってしまうからです。読み書きの敏感期は、気づかれることもなく過ぎ去ってしまい得るのです。方法としては充分楽しく、すべき活動もたくさん与えられたとしても、子どもたちが通過している発達段階にとって不可欠な課題は与えられておらず、子どもたちの発達は促進される代わりに阻止されてしまいます。

乳幼児の食べ物のなかにビタミン、ミネラルあるいは適量のタンパク質などの栄養が不足することによって、「隠れた飢餓」が引き起こされることがあります。隠れた飢餓状態の子どもはおなかが空くという意味では飢えてはいませんが、彼の身体は適切な成長に不可欠な栄養が足りない状態に陥っています。外見から見れば、その子どもは問題なく健康に見えるかもしれませんが、大切な機能が全く発達しないか、遅滞するか、あるいは低下していきます。これは知的発達において次の段階に充分進めるにもかかわらず、本来のレベル以下の段階に留め置かれている子どもの状態に似ています。子どもは一見教育的と思われている仕事をやらされているけれども、子どもたちの本当の要求は、読み書きができて、人間の文化のなかに参加していくことにあるのです。

正常な発達の道筋は、世界中の「子どもの家」における80年以上にわたる実践によって示されています。そこでは、科学的に準備された教具にいかにいのちを吹き込むかを知っている、優しくて賢い大人の導きのもとで、小さい子どもたちは大変な興味を持っていきいきとこれらの道具を使いこなしていきます。

長年にわたって直接子どもたちに接してきて確信することは、出生前と誕生から3歳になるまでの間に人格の基礎が築かれるということです。3～6歳の間もまた、それまでにした体験を繰り返したり、確実に自分のものにしたり、もし必要があるならやり直しもできる時期なので、非常に大事な時期です。また3～6歳までは、それまで発達に合った配慮が得られなかった子どもたちが、「正常化」（訳者注：モンテッソーリの用語。子どもが本来あるべき姿に戻ることを指す）する最後の機会であるので、人間として発達していく上でかけがいのない時期なのです。

人間が成長する上で本当に必要なことは何かを充分に考慮し、それを提供できる真に教育的な学校の教育課程が、今日も求められています。最近の数十年間に進歩があったことは否定しませんが、誕生直後から始まる子どもの調和ある統合された発達を助けるために、可能な限りの方法が取られているわけではないことを認めざるを得ません。

人類の歴史が進むにつれて、私たちが抱えている問題に気づかされます。そのたびに、さらに的確な解決法が見いだされます。数々の解決法は、私たちの精神が持つ測り知れない潜在力のなかに秘められた創造性の賜物といえましょう。

20世紀の初めに乳幼児のための心理学が必要とされていることが認識されるようになり、新しい形の教育が始まりました。しかしながら、この科学的なモンテッソーリ教育はいまだにすべての子どもたちにいきわたってはいません。この本は、教育者のみなさんが、人間としての可能性を実現していくために大人の配慮と導きとを待っている子どもたちと自分自身がどのようにかかわっているのか注意深く見直すきっかけを作ることを目的として書かれています。

死の3年前に当たる1949年に、マリア　モンテッソーリはイタリアのサンレモで開催された、第8回国際モンテッソーリ大会で講演を行いました。この大会では、第二次世界大戦後の世界を再建していく上で欠かすことのできない「人間の形成」に焦点が当てられました。彼女は再度、「乳幼児期は、人生のなかでもっとも細心の注意が注がれるべき時期」であり、個人の幸せと世界平和を実現するために使うべき子どもたちの大いなる知力を伸ばし守るのは、科学的な教育だけであることを強調しました。それゆえに彼女はこう主張し続けました。「教育者の仕事は計り知れないほど重要です。人類の進歩と世界の平和は、彼らの手中にあるのです」。

参考文献

注1　Paul D.MacLean, A Triune Concept of the Brain and Behavior (NewYork:Rockfeller University Press,1970)

注2　A.Montagu, Growing Young (NewYork:McGraw-Hill,1981),p.130.

注3　T.R.Blakeslee,The Right Brain (London:Macmillan,1980),P.96.

注4　M.Montessori, Il Segreto dell'Infanzia p.267.
『創造する子供』p.150.

注5　A.Montagu,Growing Young (New York:McGraw-Hill,1981),p.188.

注6　M.Montessori, La Mente del Bambino (Milano:Garzanti,1953),p.152.
『幼児の秘密』

注7　Sir John Eccles and Daniel N.Robinson,The Wonder of Being Human (Boston and London:New Science Library, 1985),p.108.

注8　W.Penfield "Conditioning the Uncommitted Cortex for Language Learning,"Brain ,vol.LXXXVIII,pp.787-798.

注9　W.Penfield op.cit.

あとがき

1983年、マリア　モンテッソーリ博士の直弟子、故アントニエッタ・パオリーニ女史のモンテッソーリ教育研究所をつくるようにというご意志にもとづき、当研究所はスタートいたしました。そのあいだ、モンテッソーリのご関係の著名な方々のご支援を受け、今日に至っております。

そして、2000年、かねてよりパオリーニ女史ともご親交の厚いシルバーナ・クワトロッキモンタナーロ博士が、日本における乳幼児の発達についての正しい理解の必要性を痛感され、当研究所が本書の翻訳の依頼を受けました。訳出には、主に、モンタナーロ博士のロンドンの乳児アシスタントコースを卒業された中林康子氏に多大なご協力をいただき、当研究所のスタッフの監修の結果、ようやく出版のはこびとなりました。中央出版の担当の方々にも大変お世話になりましたことを、ここで御礼申し上げます。

御不明の点は、御叱正を乞うところです。

マリア・モンテッソーリ教育研究所主宰　高根文雄

シルバーナ　Q．モンタナーロ（Silvana Q. Montanaro）

イタリアの精神科医。１９５５年に、アデレ　コスタ　ニォッキ女史の要請により、ローマの乳児アシスタントコースにおいて、児童精神医学、衛生学、栄養学を担当する。イタリアにおけるリラクゼーションと意識状態に関する医学研究所の創設メンバーのひとりで、R.A.T.（リラックスするための呼吸法）の専門家。１９６８年より、子どもの心身の発達に関する理解を深めるために、出産を控えた両親に対する準備クラスを開催するとともに、ローマのクリストレ病院において、出産における心身医学と精神予防医学、新生児学、婦人科学を教えている。また、人格形成における初めの３年間の重要性を伝えるために、ヨーロッパ、アメリカ、メキシコ、日本において、両親や教師に向けてのワークショップを精力的に行うと同時に、A.M.I.（国際モンテッソーリ協会）公認の乳幼児アシスタントコースを、ローマ、ロンドン、デンバー、メキシコ、日本などで開催している。

いのちのひみつ

2003年11月30日　初版第１刷発行
2021年７月24日　初版第８刷発行

著　者　シルバーナ　Q．モンタナーロ
訳・監修　マリア・モンテッソーリ教育研究所
発行人　前田哲次
発行所　KTC中央出版
〒111－0051
東京都台東区蔵前2－14－14－2F
TEL．03－6699－1064
装　丁　小寺　剛（リンドバーグ）
本文デザイン　田中淳子
印　刷　図書印刷株式会社

 ISBN978－4－87758－321－7　C0037